允許自己活成
想要的幸福模樣

幸福不是擁有最好的一切，
而是有能力把一切變成最好的

唐麗娜（UP 子木）　著

高寶書版集團

目錄
Contents

PART 4 結婚與否，你都可以讓自己開心

PART 5 當一個快樂且堅毅的職場媽媽

目錄
Contents

前言 換一種人生新演算法，找一種人生新活法

你好，我的讀者，見字如面。

我在想，你為何會打開這本書？是被書名吸引，還是想在這本書中，找到對於生活疑問的答案？不管為何，茫茫人海，我們以文字的方式相遇了。

我一直相信，在這個世界上，即使看似很偶然、很巧合的相遇，都暗自契合著一種特別的寓意。因此，當你打開這本書時，某種特別的寓意也出現了。

看完這本書，我相信你一定能找到這次相遇所能帶給你的專屬寓意。

在過去的七年裡，我曾幫助幾十萬名女性成長，在與他們接觸的過程中、聆聽他們的故事時，迷茫、焦慮、疲憊、不被理解、缺少價值感、行動拖延、提不起幹勁、無力、不知如何選擇等等，是經常出現的詞語。

他們的故事總是讓我一次次想起七年前的自己，彷彿是過去的我在與現在的我在

上演「平行世界」。我告訴他們，我懂他們所說的，因為曾經的我就是為了自己想要的一切使出全部的力氣，努力打拚，到頭來卻發現自己如同陷入泥沼之中，越用力，越無力。

在三十歲那年，我糟糕的財務狀況逼迫我不得不做出一個重要的決定：既然我在現有的軌道上已經努力了八年，人生卻無太大的起色，那也許我過往所有的努力都是錯的。或者說，至少那些努力不足以讓我過上理想的生活、擺脫生活的窘境，那麼我何不用一年的時間，放下過往所相信的觀點，去踐行另一種人生觀，看看會不會有新的收穫呢？

現在回頭看，這個決定是我成年後的一道巨大分水嶺，它將我的成年生活分成了兩個階段：**從「越成功才能越快樂」的人生演算法切換到「越快樂才能越成功」的人生新演算法**。

我開始在新的生命階段實現自己一直想要實現的人生狀態，只是當我以結婚生子的女性角色分享這些年我利用下班時間看了幾百本書籍以及做了四百多場線上、線下分享會的成長經歷時，我經常被問到的問題是：「你做了這麼多事情，一定很辛苦、很累吧！你是怎麼堅持下來的呢？」

當我以職場媽媽的角色不斷在工作、事業上進步，完成新的挑戰並獲得新的成績時，我經常被問到的問題是：「你是怎麼平衡事業和家庭的呢？要平衡兩者，一定很辛苦吧！」

當我作為瑜伽練習者，在完成了種類繁多的工作之後，雷打不動地每週練習瑜伽且堅持了三年時，我經常被問到的問題是：「你是怎麼做到自律又努力的呢？」

職場上、生活中，我最常聽到形容「媽媽」這個角色的詞語居然是「辛苦」。在大多數人眼中，似乎一個人只有很用力地辛苦著才能得到想要的一切，可是當我在自我成長、事業發展、家庭經營中能夠自如切換角色的時候，我絲毫沒有辛苦的感受。相反，我得到的是更多的快樂，因為我在其中，太快樂了、太開心了、太享受了，根本就是想停都停不下來呀。

這個世界上有不同的人生演算法和活法，有人用力地辛苦著，付出一切、犧牲一切，然後以此來追逐自己想要的，這是一種活法；但是如果我們可以把辛苦變成快樂，把努力變成享受，這也是另一種活法。三十歲以後的我，換成了後者，所以過著現在這種新生活。

看到這裡，也許很多人會搖頭說，這不是心靈雞湯嗎？沒有辛苦的付出，怎麼有資格、條件來享受快樂？很多人以為成年人的快樂需要強大的物質才能支撐，其實不是。**成年人的快樂是需要強大的智慧來支撐的，而不是依靠外在物質刺激感官所產生的多巴胺來支撐的。**

成年人的快樂，是他的身體與心靈和諧統一時，帶來更深層次的大快樂，是他的自我與他人關係和諧所帶來的隨心所欲、不逾矩的大自在，是他的自我價值與這個世界相融時帶來不枉此生的大滿足，是他透過自己見世界的大逍遙。

我一直堅信，找到自己的快樂，很重要。我們很多時候都以為「只有成功才能獲得快樂」，但是在這本書中，我將向你展示另一種找到屬於你的快樂的新可能，你就能獲得屬於你的成功。

這些年來，在找我諮詢的學員中，我發現大多數人都有一個相同的特徵，那就是生活、事業呈現一種很相似的狀態——「亂」。不可否認，他們是很努力的一群人，有時候為了實現自己的目標甚至比一般人更努力，但是越努力，越不得要領，越與自己想要的生活背道而馳，陷入一種「亂如麻」的困境。

他們來找我的時候，最想詢問的問題往往是：「我該如何有效管理自己的時間和精力？」他們以為，「亂」的原因是因為「忙」，但是在我看來，「亂」的原因是因為「錯」——找錯了方向，用錯了力氣，所以越做越錯，越錯越亂，越亂也就越忙。

為了幫助他們走出這種「亂」的困境，我向他們提出的第一個問題是：「**你在做什麼事情時，會感到開心、快樂，甚至會進入忘我、忘記時間的心流狀態？**」這是一個非常簡單的問題，但是對於整天疲於奔命的成年人來說，這個問題卻常常讓他們陷入深思，找不到答案，而正好是因為這個找不到答案的問題，會讓大家找不到人生的方向。

一旦找到了這個問題的答案，你就可以順著這條線索，一點點探尋，最終發現人生中最重要的那件事。從此，你如同有了「定海神針」，不再被外在標準牽著走，在外在世界繁雜的選擇之中，可以快樂做自己，並且挖掘自身價值，源源不斷地創造外在價值。

這就是為什麼我一直說，成年人真正的快樂是需要強大的智慧來支撐的，因為**快樂是一個成年人明白「自己是誰、自己的優勢是什麼，這一輩子能夠做什麼、做到什麼」**之後的樂天知命。成年人的快樂回答了「我是誰、我從哪裡來、將到哪裡去」這個幾千年來的哲學思考問題。

在過去幾年的時間裡，我用書中所寫的這些方法幫助自己從「無時無刻都在緊張用力的窮忙」困境中走了出來，創造了一個「快樂工作、自在生活」，內外皆豐盛的生活現狀。不但如此，我還把其中的心得方法分享給了數以萬計的學員，使他們獲益，過著理想的生活。

今天，我再把這些心法和心得整理給你——我親愛的讀者，我希望你知道，這個世界上除了「越成功越快樂」的人生演算法之外，還存在著「越快樂越成功」的人生新演算法。

希望你也能在這種新演算法中，擁有一種新活法。

祝你在這種新的活法中，玩得開心，活得盡興！

唐麗娜（UP子木）

寫於長沙

PART 1
追求自己想要的東西

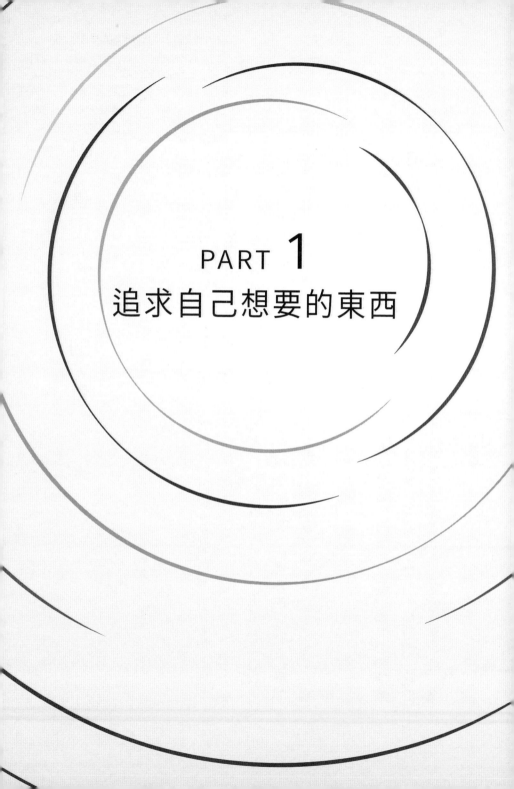

01 善用異想天開的力量

你有沒有很多夢想想要實現，卻找不到實現的路徑？你有沒有渴望實現的理想生活，卻不知從何下手？那不妨嘗試一下異想天開的力量。

我是一個善於用異想天開來實現夢想的人。大學畢業時，有一位老師告訴我：「你是一個異想天開的人。」我明白，當一個人想法離奇又不切實際的時候，用異想天開這個詞來形容確實再貼切不過了。這位老師看了我幾眼之後，又說了一句：「也許有一天，天真的開了。誰知道呢？」

對啊，也許天真的就開了，誰知道呢。

我從小就有異想天開的毛病。小時候，我覺得電視裡的主持人風光無限，就指著螢幕跟家裡人說我也要當主持人，家裡的人覺得我異想天開——這也不怪他們。我的家鄉是一個很小的縣城，那裡幾乎沒有人會說普通話，就連上課的老師也常常說著夾雜各種方言的「冒牌普通話」。操著這樣的口音，我想當主持人，確實有點異想天開。

對於小縣城的孩子來說，想實現這樣的願望，唯一的途徑就是努力讀書。內心蠢蠢欲動的種子，讓我決定報考有主持相關科系的大學。父親拿不定主意，就去找家族裡一位見過世面的親戚諮詢。

這位親戚眼見過外面世界競爭的殘酷，認為我既無出眾的外貌又無標準的主持人說話腔（當時我普通話還不標準），更拚不贏家底，所以他頭搖得像波浪鼓說：「你這樣參加藝術類高考風險太大了，播音主持專科學校一個省每年只有幾個招生名額，幾十萬的考生共同競爭，你拿什麼去跟大城市的考生比。就算退一萬步，你考上了，藝術學院的學費太貴，也不是你一個普通家庭能夠承擔得起的。」

見親戚說得句句在理，父親也覺得這是一件不可能的事，但那時的我對外面的世界一無所知，正所謂「無知者無畏」，這份沒有顧慮的果敢給了我很多異想天開的勇氣。

高三上學期，當同學都在教室、寢室裡分秒必爭地讀書時，我背著行李搭上了大巴士，去了湖南的省會長沙市，後又輾轉各個城市參加不同的藝術面試。

往前走，總會遇見原地所看不見的風景

那個時候家裡貧困，為了不增加父母的負擔，我在陌生的城市裡住著最簡陋的賓館——用破舊木頭搭建好的昏暗閣樓，甚至能清晰地聽見閣樓外任何過往的聲音。

就這樣，我晚上睡簡陋的賓館，白天參加不同學校的面試。當時我報考了很多學校，但都在第一輪面試就被刷掉了。正如我那位見過世面的親戚所說，在幾十萬的考試大軍中，我報考播音主持專科毫無優勢，被刷下來不是意外，是必然。

有好幾次，我站在榜單前四處找不到自己的名字時，我心裡都會想：「大人們說的都是對的，我就不該來這裡，我就應該跟我的同學一樣，坐在教室裡面瘋狂寫講義習題，一心一意準備高考。」

詩人泰戈爾說：「我的心，不要揚起你的塵土，讓世界自己尋路向你走來。」很多年之後，我才知道，我們主動尋找一條求而不得的路的時候，這個世界還提供了我們另一種運行的方式，那就是讓道路主動向你走來。

當我報考的所有專科面試統統都被刷下來的時候，有位老師給了我一個建議。當時我參加這位老師開設的播音主持培訓班，他跟我那位親戚一樣，一眼就看出了我在

這一領域毫無優勢，於是建議我可以再去考一個廣播電視編導專科，因為這個專科沒有那麼看重考生的外貌和普通話，更看重的是考生的自我表達力和是否有獨特的個人觀點，這位老師覺得我在這一方面比較有優勢。為了安慰我，他舉了一個例子：「曾經有一個主持人在學校裡面也是學廣播電視編導專科，現在也成了全國知名的主持人！只要進了電視臺，想當主持人，總是有機會的。」

我想這個主意不錯，反正我都來了，多考一個專科增加勝算也是不錯的選擇，於是我聽從他的建議，立刻行動，報考了幾所廣播電視編導專科實力很強的大學。

參加考試的順利程度超乎我的想像，我還在糊裡糊塗的時候，老師告訴我，我不但通過了人稱「北有北廣，南有浙廣」的浙江傳媒學院專業考試，成績還名列全省前茅。我愣住了，這個原本不在我計畫之中的決定，反而給了我最大的驚喜。

雖然當時的我想要成為一名主持人是異想天開，但是這份異想天開起碼給了我邁開步伐，大步往前走的勇氣。**一個人，只要上了路，總會在路上遇見你在原地所遇不到的人和事情**。他們的隻言片語給了你新的指引，讓你義無反顧地帶著這些指引朝著新的方向奔去，不再回頭。

專業考試順利通過了，我還沒來得及鬆一口氣，更嚴峻的考驗接踵而來——我要考的這個專科所在大學在湖南曆年分數是五百分，而這個分數在當年跟考一個第二批錄取大學本科系[1]的要求差不多。

當我結束外面的藝術考試重回學校的時候，已經是高三下學期了，跟同班同學相比，我整整缺席了一個學期的課程。我參加第一次模擬考試時，成績只有兩百多分，看到成績單的那刻，我傻眼了——如果要拿到心儀大學的錄取通知書，意味著我需要在短短半學期內將分數提高三百分，這簡直是天方夜譚啊！

當時的我來不及多想，因為已經沒有時間也沒有別的選擇了。擺在我面前的只有一條路，就是在不到五個月的時間內，拚盡全力，將自己的分數提高到五百分。

你別無旁騖的心，蘊含著創造一切的巨大能量

美國作家「改變的女王」茱莉亞．卡麥隆在《創作，是心靈療癒的旅程》一書中寫道：「**在你全心投入自己的當下，天意會同時啟動，本來不可能發生的事情都會**

1 指部分的普通大學或者是省屬重點大學，類似於臺灣國立大學的中央大學、中山大學等。

出現來幫助你，那個決定衍生出來的一連串事件，事事都對你有利，還有想都想不到的機緣和實質的幫助也都會出現。」

就在我下定決心要好好讀書的時候，偶然間得到了一本開發大腦潛能的書，書裡介紹了一個幫助人們「心想事成」的方法。看到這個方法之後，我如獲至寶，除了天天認真讀書衝刺高考之外，我還每天練習這個「心想事成」的方法。

方法其實很簡單，就是利用每天早上醒來的五分鐘、晚上睡覺前的五分鐘這兩段潛意識最強的時間，在腦海中不斷想像自己夢想實現之後的場景，畫面越詳細越好。最重要的是，你要相信這一切都是真的，你需要讓自己的大腦真切地感受到夢想實現之後，所有的興奮、開心、快樂等各種情緒，這樣就可以加速實現夢想，用更直白的話來形容就是——異想天開地造夢。

我對這個方法深信不疑，便立刻開始行動，每天早上在床上醒來的第一件事就是異想天開地造夢。我閉著眼睛躺在床上，在腦海中不斷想像夢想成真的畫面：我的左手拿著我的成績單，成績單上用紅色的筆醒目地寫著「500」這個分數，右手拿著浙江傳媒學院的錄取通知書，甚至連通知書上寫了哪些內容我都在腦海裡面想像得一清二楚。我還想像有好多親戚朋友把我團團圍住，每個人都開心地跟我說著「恭喜恭喜」，絢爛的煙花在我背後的上空綻放，我甚至都已經想好了站在人群之中我要說的答謝詞。

那個時候，宿舍裡面的人路過我的床邊時，經常會看到我躺在床上，閉著眼睛卻一臉傻笑的模樣，他們不知道我正在異想天開、白日做夢。到了晚上睡覺前，我又用相同的方法在大腦中再次異想天開。

就這樣，在教室、寢室、家裡甚至在去學校餐廳的路上，白天的分分秒秒，我都在認真、踏實地複習學過的內容；在床上醒來和睡前的五分鐘時間，我就異想天開在腦海中造夢——我要考五百分，拿到心儀大學的錄取通知書。

五百分對於我們那個縣城的考生來說，並不是唾手可得的分數。我所在的高中裡，每年能夠考上本科大學的考生是二十多個人，五百分也是我們班全力衝刺高考的學生們夢寐以求的分數，更何況我整個高三上學期都在外面奔波和面試。

就如瞭解我的那位老師所說的：「你是一個異想天開的人。也許有一天，天真的開了。誰知道呢？」

天，真的開了！高考結束之後，我去查成績，當聽到電話那頭傳來的分數時，我嚇傻了——我的高考成績，五百分！跟自己異想天開的分數，一分不多、一分不少。後來，我終於收到了日思夜想的浙江傳媒學院錄取通知書！當年，浙江傳媒學院的廣播電視編導專科在湖南幾萬名考生中，最終只錄取了四個人。

我，幸運地成為其中之一。

聽過這個故事的朋友曾經問我，真的只要異想天開地做白日夢，就可以夢想成真了嗎？如果這麼簡單，那為什麼這麼多人沒有心想事成？為什麼那麼多人的異想天開最後真的只成了白日做夢？

這個問題，我問過自己——為什麼？答案在於，很多人在長大之後，就不再是孩子了。**只有孩子，才會對異想天開信以為真；只有孩子才會異想天開地造夢，心無旁騖地追夢**。

畢卡索說，他花了一生的時間才學會像孩子一樣畫畫。如果你仔細看過孩子在畫畫，你會知道，孩子畫畫的筆觸和顏色百無禁忌、異想天開，沒有框架、沒有束縛，不可捉摸，所有的想法自然又肆意地付諸筆端，充滿了飽滿、爆炸的力量，彷彿世界上的規矩、禁錮、秩序都無法束縛他。成熟的技法可以透過學習和訓練而得，可是一顆異想天開又心無旁騖的心，唯有純粹如孩童般的人才可得。

當一個人明白自己的心意、心無旁騖地跟隨自己的心意逐夢時，這個舉動本身就蘊含著可以克服一切困難、創造一切可能性的巨大能量。

很多年之後，我才讀懂了小時候就爛熟於心的《桃花源記》：「遂迷，不復得路」。漁人誤打誤撞中尋得桃花源，大喜，原路返回，做記號，再帶人來尋桃花源，可是明明做了記號，卻再也找不到那條路了。他明明做了那麼多記號，為什麼會迷路呢？

美學大師蔣勳在談到《桃花源記》這段文字時，他說，當心機來了的時候，有一種更大的能量反而消失不見了。當漁人想要得到賞金，帶著人再次來尋找桃花源時，桃花源便再也找不到了。

那些在長大的過程中，學會心機算計、開始計較得失、患得患失，不再異想天開造夢和心無旁騖追夢的人，個人身體中潛藏的巨大能量也隨之消失不見了。而那些在長大之後依然保有孩童之心，異想天開造夢、心無旁騖追夢的人，就這樣闖進了自己的夢想天國。因此，聖經說：「你們若不回轉，變成小孩子的樣式，斷不得進天國。」

02 在生活的絕境裡，如何讓自己的狀態變好

這幾年，我每每分享自己的成長經歷時，常常會收到兩種回饋，一種是「我好羨慕你現在的狀態呀」，另一種是「我覺得現在的自己就是幾年前的你」。

現在的我是什麼樣子的？現在的我過著喜歡的生活，白天的八小時是電視臺導演，從事著自己感興趣的工作；八小時之外，我利用自己的天賦，做著幫助女性成長的事業。工作日時，我採取高效工作；週末時，我常飛到不同的城市上課學習、演講分享、參加活動，與優秀的朋友交流，或者看藝術展、旅行等，按照自己的節奏過著喜歡的生活。

我還超級幸運地擁有無比支持我的老公以及聰明伶俐的孩子，老公曾對我說：「每個人都有自己擅長的事情，你就做你自己擅長的事情就好了，家裡的事情有我在。」孩子則對我說：「媽媽，我要像你一樣，可以拿好多獎盃回來。」而現在的我，

無論是在家裡還是工作上，內在還是外在，都被深深的愛所滋養著。

很多朋友告訴我：「你的眼睛裡面有太陽。」可是，幾年前的我，並不是現在這副模樣。那時的我，眼裡沒有太陽的光芒，有的只是因為窮忙、迷茫帶來的黯然失色——那時的我，正在經歷一段人生中的「至暗時刻」。

大寶的出生讓家庭開支劇增，在關鍵時刻時，我先生還突然失業在家，算上兩位老人，家裡五口人的開支都必須靠我一個人的薪水來支撐，生活一下子變得捉襟見肘。那幾年，家裡的狀況常常是我的薪水剛拿到手，就不得不用來應付各種支出、帳單，然後靠著所剩無幾的生活費勉強度日，接著又開始繼續望眼欲穿地盼著下個月的薪水早早下來。

我記得，孩子剛出生的那年冬天，有一天家裡的尿布用光了，我所有的銀行帳戶儲蓄加起來居然連買一包尿布的錢都湊不齊，我先生身上也沒有錢，我急得在家裡直哭。

最後這件事情我是怎麼解決的呢？我說出來可能很多人都無法相信。那天是我們大學校友年底聚餐的日子，照顧完孩子之後，我來不及打扮，穿上一件舊衣服就匆忙地坐公車出門參加校友聚會。聚會結束之後，有個學妹遞給我一個紅包，說：「學姐，這是我給你孩子的一點小心意，你收下。」我邊道謝邊接過紅包，第一個念頭是終於有錢可以幫孩子買尿布了。

我從來沒有想到過，自己有一天會變成這樣，居然連幫孩子買尿布的錢都掏不出來。看著嗷嗷待哺的孩子，再看一眼失業在家、無所事事的老公，我心中的怒火壓都壓不住，於是那一、兩年，兩天一小吵、三天一大吵就成了我和老公的家常便飯。

一開始，我們還能顧及體面，盡量不當著家人的面爭吵。後來，日子過得實在是太心酸和無力，我們心力交瘁，根本無力再顧及那點原本就不存在的體面，毫無顧忌地當著老人的面吵得天翻地覆。

沒錢，這些都成為那幾年我每天睜開眼就不得不面對的最大困境。為了脫離這個困境，我開始了自救之路——透過閱讀、學習等各種途徑來提升自我認知。

在偶然的機會下，我得知一位很喜歡的老師要在線下舉辦為期三天的課程，我興奮極了——參加他的課程一直是我的心願，可是我一盤算，課程費用、飯店住宿費加上往返的交通費用，這一趟需要花費近萬元人民幣。

我的內心開始打退堂鼓。這筆費用對我來說太貴了，我身上的所有閒錢加起來總共不到三千人民幣，如果要去，意味著我不但要花光這僅有的錢，還需要想辦法再從別處湊齊剩餘的錢。那兩個月，我的大腦和內心天天都在打架。最終，我還是決定放棄，把錢存下來以備不時之需。

作家詹姆士·雷德菲在小說《聖境預言書》中說：「對你想做的事，你是不是曾經有過預感或直覺？譬如說，你想改變生活方向，卻不知道如何實現，然後當你快要忘記這件事，而把注意力集中在其他事情上的時候，你突然遇到一個人，或讀到一本書，或來到某個地方，讓你一下子碰到了你一直期待的機會。你有過這樣的經驗嗎？」

我有過類似的經驗。

就在我已經快要把這件事情遺忘的時候，某一天晚上，一個很久沒有聯絡的朋友突然在微信上問我，要不要去參加這次課程。他說他很想去，如果可以的話，兩人剛好可以結伴同行。

他這一問，我的心中掀起了千層浪，被壓抑已久的渴望促使我在第一時間就跳出來大喊：「去呀！一定要去！」可是，在大腦漸漸恢復理性之後，我跟自己說：「太貴了！別去。」在去與不去的糾結之中，我瞥見了放在桌上的一本書，封面上赫然寫著幾個大字：「**你無法用一個舊有的自己去換一個全新的未來。**」

這幾個大字讓我如亂麻的心，一下子安靜了下來。

是呀，你無法用一個舊的自己去換一個全新的未來。

如果我不去參加課程，那這個週末會跟以往無數個重複又已知的週末一樣，在家帶孩子、滑手機八卦、閒聊，無所事事地度過。如果我去的話，那這個週末的一切都是新鮮而未知的——新環境、新遇見的人、未知的事情和未知的收穫。當我的腦海中清晰地看到兩個不同的決定所帶來截然不同的結果時，答案自然就浮現了。

當一個人下定決心的時候，改變就成了一瞬間的事情。當天晚上，我用不到半個小時的時間說服老公，向身邊的閨蜜借錢，和那位朋友一起訂了最便宜的火車票和最便宜的民宿房間。那一刻，我如釋重負，**原來沒有任何人可以限制你改變自己，除了你自己。**

新決定帶你進入新環境，新環境蘊含著新啟示

那次的課程在廣西桂林的陽朔悅榕莊舉辦，是一個群山環繞，在山野中物質奢華的度假飯店，旁邊就是甲天下的山水，美不勝收。我坐在飯店的大廳裡，看著那些

在櫃檯辦理入住的人，心裡充滿了羨慕：「他們一定都是有錢人吧，才能住這麼高檔的飯店。我什麼時候才有機會住呢？」

那時，我住的飯店都是一晚不到兩百人民幣的連鎖飯店，不為別的，只為省錢。平時如果路過這般高檔的飯店，我也只會在路邊遠遠地、充滿羨慕地看一眼，內心滿滿都是「不配得感」——自己沒有那麼多錢，不配住這般品質好的飯店。

那幾年，這種嚴重的「不配得感」幾乎蔓延在我生命中的每一處，不敢去高檔商場，害怕服務人員熱情推銷，即使我的拒絕聽起來再有理，服務人員一看我身上廉價的衣服就知道，那些沒有說出口的理由才是拒絕的原因。不敢為自己買質感好的衣服，內心覺得臃腫的身體配不上名牌衣服，只會在網路上挑最便宜的。不敢去很貴的餐廳吃飯，即使只是路過高檔餐廳的門口，心跳也會加速，趁著服務人員還沒發現自己之前就趕緊離開，怕被他們一眼看穿我消費不起。不敢跟優秀的人近距離說話，怕他們一眼看穿自己的淺陋無知；不敢大聲地表達，怕一開口就被旁人暗地嘲笑；不敢拒絕別人，怕即使再合理的理由也會招致對方的反感，讓自己不被大家喜歡。

總之那幾年，因為見了一些世面，我丟掉了沒見世面之前那「無知者無畏」的勇氣，換來的是「自知之明的不配得感」——因為不配，所以不敢。「沒錢，也買不起，所以從來不去高檔飯店、商場和餐廳，等以後有錢了再去」這是那幾年根植在我大腦中的想法，但是**一個人的想法會成為他的做法，而做法會成為他的活法**。

那次，我一如既往地沒去住悅榕莊，而是和同去的夥伴一起住在旁邊的民宿。就在我心心念念想要省錢的時候，意外發生了——民宿突然停電了，老闆堅持把費用退給我們，讓我們另覓其他住處。省錢的願望被打破了，我只好提著行李，刷著信用卡入住附近僅有的住宿飯店——悅榕莊。

很多年以後，我才學會看懂人生中那些偶然發生的意外所蘊含的真實含義——**意外的出現，是為了將我們遠遠地拋出陳舊的生活軌跡，讓我們不再重複過去，開啟全新的未來**。

我坐在悅榕莊的大廳辦理入住手續的時候，內心湧起一陣神奇的感受：我變成了我所嚮往的人，而在幾個小時前，我還以為我需要幾年時間才能實現這個願望。

人的潛意識是很神奇的東西，一旦它體驗到某種全新的感覺，就會形成一個新的思想。就在那一刻，藉由入住悅榕莊這個前所未有的新體驗，讓我的潛意識無比堅定地相信：「我現在就是有錢人了！」多年的「不配得感」在那個全新的體驗之下轟然倒塌，取而代之的是一種「配得感」——我跟他們一樣，值得擁有世界上最好的一切，有能力去創造這最美好的一切。

那份美好的體驗和見識，給了我再次向世界敞開的底氣。每次面對那些高級場所、物品以及更優秀的人，因為自卑、不配得感而想要退縮的時候，我的內心就會響起一個聲音：「別怕，你可是住過悅榕莊的人。」雖然說出這樣的話很可笑，但是因為這句心理暗示，我內心的不配得感漸漸消失不見，開始朝著更廣闊的世界再次前進。

幾年之後，當聽到身邊有人說起跟「我從來不去逛商場是因為我買不起」這種類似的話時，我彷彿看見了幾年前的自己，我會告訴他：「正因為你買不起，所以才要去逛商場。」因為我們要和自己渴望的東西連結，成為好朋友，而不是一味逃避它，成為陌生人。

美國作家佛羅倫斯·斯科維爾·希恩在《想像力是完美人生的剪刀》中寫道：「你會和你關注的事物連結在一起。只要持續關注美好的事物，就能建立看不見的連結，而這些事物遲早會進入你的生活，直到你說：『天啦，這實在好到不像是真的』的為止。」

新環境中遇到新的人，帶來「好到不像是眞的」的新可能

一個人的大腦在嶄新、未知的環境中總是會異常地活躍，靈感和想法如同噴泉一般源源不斷地噴湧而出。在悅榕莊上課的時候，我會隨時帶著一支筆和一本筆記本，當新的想法降臨時，我就能快速抓住它們。

果然，在某堂課的休息時間，一個新想法不期而至，很幸運，我抓住了它——「我想加入這個老師的工作團隊」。他們常年會在全國各地不同的城市開課，每年還會帶團去全球各國旅行。這種一邊工作一邊旅行的模式正是我所嚮往的，可是我本身有工作，不太可能辭職加入他們，於是我想到了一個兩全其美的好方法——推薦失業在家的老公去加入他們的工作團隊。

這個新想法冒出來後，我的心怦怦直跳：「這樣可以嗎？可行嗎？」我幾次嘗試用理性壓制住這個大膽全新的想法，可是內心依然想去試試。我把這個想法先告訴了我先生，徵求他的意見。那個時候的他不知道是不是流年不利，找工作找了大半年，一份工作都沒找到，這其中的壓力他比我更清楚。他說，就算是讓他去做倉庫的保全人員，他也願意去。

有了這句話，我立刻聯絡這位老師的工作團隊，表達我的想法。正好那一年他們團隊需要徵新血，很快地幫我先生安排了面試。沒過幾天，我先生就收到了面試通過的好消息，加入了他們的團隊！

後來的兩年時間，我先生跟隨這個團隊去了各個不同的城市開辦課程、參加活動，甚至去北非摩洛哥在撒哈拉沙漠看日出，去義大利看威尼斯雙年展，去德國參加卡塞爾文獻展，在奧地利欣賞電子藝術展，在維也納聆聽音樂盛宴，他整個人的視野和格局都隨著見證世界上最頂尖的藝術而不斷提升，由內而外煥然一新。

這些新日子的到來，讓我們時常感慨——好到不像是真的。誰能想像得到，這個「好到不像是真的」的新日子，緣起於幾年前我不想再用重複的方式度過一個個重複的週末，所以做了一個新決定，去一個新環境，遇見一些新的人，發生了一些新故事，踐行了一些新想法。從此，我們逐漸離開了舊的生活軌跡，換了一個全新的未來。

換個新認知，就能換個新想法；換個新做法，就能換個新活法。

你不可能用舊有的自己，去換一個全新的未來。

03 不成功，就不配獲得幸福？

為了讓自己更幸福，你曾做過什麼樣的努力？讓自己擁有更好的工作、更多的業績、更大的房子、更好的車、更多趟的旅行、更豐厚的財富、更高的名氣、更大的成功？很多人都為了讓自己更幸福不斷地努力，包括正在讀這段文字的你，也包括我。我們花一點時間思考一下，這樣努力之後的結果是什麼。

結果一般有兩種，一種是目標沒有實現，自己難免會感到沮喪，另一種結果是目標實現，自己獲得成功，體驗成功所帶來的幸福感。但是很快的，我們會發現，這次成功並不是終點，它只是一個起點——追逐更大幸福感的起點。

在這種情況下，大多數人往往會再設定一個更大的成功目標，希望可以靠著強大的意志力逐一實現。結果呢，人們發現身心越來越疲倦，即使實現了目標還是不滿足，然後瘋狂追逐下一個，再下一個目標。

得不到的永遠在騷動，得到的永遠在繼續追逐，這種體驗幸福的感覺跟我們日常拆包裹的感覺多麼相似。我們在網路上看到一個非常喜歡的東西時，迫不及待地想要立刻擁有它，彷彿擁有了它，自己就會更開心、更幸福，於是我們點下購買，然後期待包裹快點來到自己的身邊。

兩、三天之後，當我們從快遞人員手裡接過心心念念的包裹並打開它時，我們獲得了一種極大的滿足，此刻你會意識到「我很幸福、很快樂」，可是這種幸福感卻轉瞬即逝。當你獲得滿足之後，一種失落感也會隨之而來，因為那是一種體驗之後想要更多的欲望。追逐幸福是人類的本能，為了追逐更多的幸福，我們開始疲於奔命、工作賺錢，以便自己可以買更多的「包裹」，拆更多的「包裹」。

陷入怪圈：不成功，都不配獲得幸福

作家傑克．凱魯亞克在《在路上》續篇中，寫下過這樣一句話：「是誰開了這個殘忍的玩笑，讓人們不得不像老鼠一樣，在曠野上疲於奔命？」

很多時候，我也想問問是誰對我們開了「只有獲得成功，才能獲得幸福」這個殘忍的玩笑，讓我們像老鼠一樣在生活中疲於奔命？

我有一位學員茹茹跟很多人一樣，長久以來都把「只有獲得成功，才能獲得幸福」當作獲得幸福人生的信條。為此，他把自己當作一個苦行僧，認為應該把自己的每一天都安排得滿滿當當，努力完成所有的任務和安排——需要比別人更努力，這樣才能更成功，才能過得更幸福。

漸漸地，他發現這種生活只會讓他變得更累，而不是更幸福：「如果今天沒有完成任務，我就會很痛苦，因為我認為這種不幸福是來自於自己還不夠努力，還沒擁有成功的事業和美滿的家庭。」

他對我說這段話的時候，我不斷地點頭表示理解，看著他，彷彿看著以前的自己。大學畢業之後，我順利得到了心儀的工作，並且在工作上如魚得水，自身的能力得到很好的發展，獲得了上級的肯定。

職場上的成功帶給我一種幸福感，這種「只有獲得成功，才能獲得幸福」的想法如同一株藤蔓，一旦在一個人的腦袋裡扎了根，便會纏了身，蔓延在生活中的各個方面，比如婚姻。在我結婚之後，我漸漸意識到自己感到不幸福，原因很簡單，與那些成功的婚姻相比，我的婚姻沒那麼成功，我先生沒那麼有錢，那幾年家裡老老少少五口人的開支基本上是由我一個人的薪水辛苦支撐的。

除此之外，公公、婆婆都是年輕時就出去打工的農村人家，更談不上給予我們什麼物質上的支持。與身邊一些家境相同，但是結婚之後獲得婆家經濟上豐厚支持的姐妹相比，我的婚姻真的太不「成功」。那幾年，我回到家，看著家人就會心生抱怨和責備，這讓家人痛苦，我自己也不好受。

對待幸福與痛苦，人們有著截然不同的兩種態度：幸福讓人們趨之若鶩，痛苦讓人們避之不及，而趨樂避苦的人不會懂得，**痛苦是一條走向幸福且少有人知的捷徑**。一個人之所以會痛苦，是因為他抱持著錯誤的想法，痛苦唯一的目的就是讓人們知道自己的想法錯了，我們應該去找尋更高層次的想法，一旦我們轉換到更高層次的想法，痛苦就會立刻被平息。

當我被「婚姻不成功，所以婚姻不幸福」的執念折磨得身心俱疲的時候，一個人的文字讓我產生了轉變，這個人就是加拿大作家尼爾·帕斯瑞查。

有一天，我無意中翻開他寫的《快樂是可以練習的》這本書時，看到這句對我影響至今的話：「**幸福不是擁有最好的一切，而是有能力把一切都變成最好的。**」這句話如同當頭棒喝，敲醒了我。

在一片混沌之中，我找到一條通往幸福的路：**出路不是老路，而是一條新路**。我放棄了那條「幸福是擁有最好的一切」的老路，開始了一條「幸福是能把一切變成最好的」的新路。

有一次下班回家，我坐在計程車上，想起即將要繳的房貸、其他的貸款以及各種家庭開銷，那些帳單如雪花一般湧到我的面前，而帳戶裡面的餘額卻少得可憐，那一刻，抱怨和指責的想法再次浮現在我心中：「都怪自己當時找了這個丈夫，嫁到了這個後盾不足的家庭，害得我現在什麼都沒有。」

當這種負面情緒包圍著我，要把我再次拽入痛苦的深淵之中時，我想起了那句話：「幸福不是擁有最好的一切，而是有能力把一切都變成最好的。」這句話，阻止了我繼續墜入深淵，並替我插上一雙隱形的翅膀，讓我高飛，衝破障礙。

在那個當下，我把心中的抱怨按下了暫停鍵，努力嘗試著把眼前的一切變成最好的：我有一個相戀多年的丈夫，他很愛我們的家，雖然他不是傳統中所說的「男主外」，但是家裡的所有事情他都可以辦得妥妥當當，不需要我操心。他還是一個很愛照顧孩子的爸爸，孩子一出生，除了餵奶他做不到之外，換尿布、幫孩子洗澡、穿衣服、拍隔、哄睡、接送孩子、幫孩子買衣服等，都是他在做。公公、婆婆雖然無法給予我們經濟上的支持，但是他們非常善解人意，婆婆每天負責替我們做美味可口的飯菜，讓我們一家人在吃飯的時候，總有一種很幸福的味道；公公喜歡自己種菜，總是讓我們吃到「從產地直接到餐桌」的最新鮮蔬菜。

當我不再抱怨他們沒給我什麼，而是嘗試記錄他們身上的「閃光點」時，這個感覺很奇妙。我內心的怨氣、戾氣、痛苦慢慢消散，取而代之的是喜悅、富足、幸福和感恩，坐在計程車上，我內心歡呼雀躍：「我做到了，我做到了！」

在那次嘗試中，我終於放下了「不成功就不配獲得幸福」的執念，做到了「能把一切變成最好的」，體驗到了一種「純粹的幸福」——只要你的心願意，每一個人都可以現在、當下、立刻、馬上變得幸福，因為**幸福是百分之百由自己決定的！**

04 快樂感是成事的確認鍵

你什麼時候會意識到，你正在做的這件事情是會成功的？

對於這個問題，我的回答是：「當你因為做這件事快樂得想要飛起來的時候，你不需要別人告訴你，你自然就會知道這件事會成功！」

不知道你有沒有這種感覺，在做一件事情的時候，自己對這件事情的結果無法預測，不知道這件事能不能成功；有的時候，儘管這件事還在進行之中，但是心裡會有個清晰的聲音說，這件事一定能行，而這兩種感覺，我都體驗過。

如果我對所做之事惴惴不安，往往這件事的結果大多是不盡人意，但如果我對所做之事充滿了快樂的感覺，那這件事有很大的機率是會成功的。

很多人都低估了快樂的重要性

在很長的一段時間裡，我把「吃苦」當作達成目標的標準，這樣的標準讓我留下了一個後遺症：不敢快樂、輕鬆地做完一件事。不知道你有沒有跟我有類似的感受，自己很想完成一件事情時，如果能輕鬆、簡單地完成，那瞬間內心會湧起一絲隱隱的擔憂：怎麼這麼輕鬆、快速就完成了？不會是做錯了吧？是不是沒做好？又或者會想，我其實可以做得更好，要不然怎麼可能這麼簡單、輕鬆就完成了呢？

一個人做事的頻率會創造相對應的結果，而高頻率的擔憂會導致令人擔憂的結果。很多時候，這種擔憂會讓一件原本可以簡單、輕鬆、快速完成的事情變得很複雜。一旦情況變得複雜，又讓人使出渾身解數折騰一番，之後全身才會舒坦，心安理得地覺得「這就對了嘛」。因為吃了苦、很辛苦，一件事才算做完、做好！

「吃得苦中苦，方為人上人」；「學海無涯苦作舟」；「不經一番寒徹骨，怎得梅花撲鼻香」的人生演算法，讓我看懂了自己平日裡有很多不良的習慣，比如拖延。不管這件事情事前預留了多少時間，我都喜歡在臨近截止時間時，奮起急追，熬夜加班趕進度。明明每次都告誡自己下次不要重蹈覆轍，可是下次來到的時候，又是如此。

我想，自己也不是一個知錯不改的人呀，為何在這個習慣上如此頑固？頑固的背後是一個堅固的底層認知，而「不辛苦，不成功」就是那個堅固的底層認知。這種思維在我過往的工作生活模式中極其常見，帶來的結果就是「處處皆辛苦」——賺錢很辛苦、工作很辛苦、寫作也很辛苦，可是「辛苦」帶來的結果，就一定是「成功」嗎？

很多時候，**在大多數人以為「辛苦是成功的標準配備」時，只有少數人在堅守「快樂是成功的頂級配備」**。

我最開始寫書的時候，花了好幾個月的時間，努力地寫啊寫，上班前寫，下班後寫，早上寫，晚上也寫。為了寫，我放棄了一切休閒時間和玩樂時間。傍晚時，老公約我去散步；週末時，孩子約我出去玩，我統統拒絕，理由是我要努力寫書，不能浪費任何一點時間。

那段時間，家人去休閒娛樂的時候，我把自己關在房間，把自己搞得像苦行僧一樣，一個人很辛苦地寫啊寫，只差頭懸樑、錐刺股了。後來，我終於寫完了十幾萬字，傳給暢銷書作家帥健翔老師，請他幫忙看看我的書稿。

他看完之後，告訴我：「UP子木，在你的文字中，我感受不到你的快樂！你可以嘗試各種你喜歡的方式，讓你寫作的時候快樂起來。」

「快樂？」我一臉問號。我請你看文字，你卻跟我談快樂？這是不是有點牛頭不對馬嘴？後來事實證明，作為在寫書方面富有經驗又卓有成果的過來人，我的這位作家朋友一針見血地指出了寫書最關鍵的問題——想要寫一本好書，就是盡量讓自己感到快樂。

在《創作，是心靈療癒的旅程》這本書中，作者寫道：「有創意的你，想要多做些作品，就要哄自己開心，而不是欺負自己。」甚至還在書中告訴所有人，多產的藝術家通常很快樂，而在「寫書」這件事中，我付出了努力、精力、時間，但是卻忽略了一個至關重要的元素，那就是「快樂」！

我回頭看自己之前用力寫出來的文稿，的確在字裡行間感受不到快樂的能量。我在日常生活中是一個很快樂的人，但是一想到寫作，就感到緊張和壓力。在這種狀態下，一個人所寫出來的文字，自然無法擁有快樂、打動人心的力量。

要多產出、高產出，就要學會「不欺負自己」

如何讓自己寫作時感覺輕鬆、快樂？娜姐的一通電話解開了我所有的心結。娜姐是我這本書的策劃人（原出版社編輯），知道我心理壓力大，於是開導我，寫書就跟我平時寫社群文章一樣，只要我寫完四十篇文章，就是一本書的量了。這句話一下子幫我釋放了關於「寫書」的所有壓力，讓這件事變得輕鬆、簡單了起來。

娜姐告訴我，一本書沒有獨特性就沒有靈魂，而作者獨一無二的經歷故事以及心得就具有獨特性，所以他讓我不需要管別人說什麼，只要心無旁騖地寫就好了。

真正的高手總是能拋開無謂的細枝末節，一針見血地看透事情的本質，一出手就能幫助別人直達事情的本質，讓人輕裝上陣。娜姐的這一段話，托住了我下墜的心，讓它變得輕盈、喜悅，原來寫書是一件這麼輕鬆自在的事，你只需要肆意地表達自己最動人的故事和最鮮明的態度，就足矣！

快樂感是成事的確認鍵

卸掉所有壓力之後，我不再擔心和顧忌外在的標準和評價，開始放鬆，靜下心來寫作。那一刻，我如同潛入深海之中的無人之境，遇見真實的自己。

在這個過程中，我感到一種巨大的快樂，這種快樂不是因為外在刺激而來，而是與我內心最深處的東西相連結，它綿長而深遠，如同山澗清泉，綿綿不絕，所到之處，滋潤萬物。這種與最深處的自己連結所帶來的快樂，屬於相遇的快樂。當我放鬆、自在、敞開心扉寫作時，我就與那個最真實的自我相遇了。

快樂感如同一個確認鍵，一旦它在你的內心出現的時候，很多事情都會被按下「正確」的確認鍵。這是一種很奇妙的感覺，當我越寫越快樂的時候，完全沒有了第一次寫書的忐忑、緊張、不自信，擔心外界看到這些文字會覺得寫得不夠好。相反，在快樂中，我一氣呵成寫下的每一處詞句，都是對內心的一種確認：「對，沒錯，就是它了！」

新版書稿還沒完成時，我好幾次跟娜姐說：「我不管別人覺得好不好，至少，這一次，我覺得自己寫得很好！」這頗有一種「天大地大，老娘最大」的氣魄！這種確認感是在外界還沒看見之前，你內心騰空而起的一份快樂，它為你搖旗吶喊，為你按下了最大的確認鍵！

娜姐在看完我這一版的初稿之後，回覆我：「文字寫得很好！」

「哇！」我的心中一陣歡呼，沒有意外。

條條大路通羅馬，而我在寫作當中，終於找到了適合自己到達「羅馬」的那條路——**帶著快樂去做你所做之事，就是正確之路**。

有一次，有一位媽媽在我的群組裡面提問：「該怎麼告訴孩子金錢是什麼？」看到這個提問的時候，我正好在北京出差，借住在一位朋友家。這位朋友很早就透過自己的努力積累了豐厚的財富，於是我就把這個問題拋給這位朋友，想聽聽他的回答。他思考了一下，回答道：「不要給孩子種下『賺錢很難』的念頭，而是要告訴孩子，賺錢是一件很快樂的事情。」

外在是一個人內在真實的展現，當一個人內在有什麼樣的心念，外在就一定會創造出與內在心念完全吻合的實相。一個人內心認定「賺錢很難」，那外在一定會創造「很難賺錢」的實相；一個人內心認定「賺錢很快樂」，那外在一定會創造「快樂賺錢」的實相。這一切，真實不虛。

朋友告訴我，對他而言，賺錢是一件很快樂的事情。他一向對金錢和數字極度敏感，一提到它們就會眼裡放光，發自內心地感到興奮和快樂。他說，如果可以的話，告訴孩子創造財富是一件很快樂的事情，並給孩子上一堂重要的財商教育課。

「為了工作，值得放棄生活嗎？」這個話題曾在網路上引發熱議，甚至有高達上億的點閱數。我在網路上看了一下這個話題的回覆，很多人的觀點都是為了賺錢，大多時候不得不作出妥協，放棄生活的種種享受。直到我看到一位網路大V[2]留言分享的觀點：「工作是體現價值的重要表現，我工作的時候感覺自己在發光，賺錢什麼的反而是次要的事情了。工作做得好，錢自然就會來了。」

我看到這則留言時，心中感慨萬千。一個人擁有現在的財富真的是有原因的。很多人都本末倒置了，好像只有放棄快樂才能賺到錢，但是真相有可能是：因為**一個人放棄了快樂，才無法獲得更豐厚的收入**。當一個人在工作或做一件事的過程中讓自己感到快樂、自我在發光的時候，往往意味著這件事做對了。

用「快樂」按下成事的確認鍵，這是一條與大多數人的「成功之道」截然相反的小路。當你用力做了很多事而沒見成效，還讓自己身心俱疲的時候，不妨給自己一個機會，嘗試一下，帶著快樂去做你想做之事。

當你在做事的過程中，感受到快樂之時，就是你找到成事的正確方法之日。

2　在社群平臺通過認證，擁有眾多粉絲的使用者，類似於 Facebook、Instagram 的藍勾勾。

05 當自己的救世主，衝進困境拿「禮物」

提起「困境」這個詞，你的第一反應是什麼？

我想大多數人的第一反應都是麻煩、困難、一想到就壓力山大、心情沮喪、想逃避或者是有很多的抱怨。我們送給別人的祝福往往都是萬事如意、心想事成，而不會祝別人「萬事困境」，可見在大多數人的心中，困境是一件能不要遇到就不要遇到、能躲多遠就躲多遠的事情。

這個世界上，有沒有人喜歡困境呢？有的。

幾年前，我參加某一個線下分享會，最讓我記憶猶新的是一位來自印度的老師所說的話。他說，在印度有一個習慣，遇到困境的時候，人們都會用自己的方式來慶祝。

什麼？這麼不可思議的觀點成功引起了我的興趣，有很長一段時間，這句話一直印在我的腦海裡。

慶祝困境？這些人是不是對「困境」這個詞有什麼誤解？當時的我如是想。時隔幾年，當我也變成了遇到困境也會大聲慶祝的人時，我才發現，我們大多數人對困境有很多誤解，其實困境之中有太多的「禮物」等著我們去拿，值得我們慶祝。

被「困境」逼著拿回自己生命的主動權

我們先做一個小測試：「搭飛機時，你會認真瞭解飛機上的安全逃生資訊嗎？A是會，B是不會。」

有一次，我在電視裡聽到一位藝人的訪談。他說自己搭飛機有一個習慣，每次他都會認真閱讀安全須知，包括瞭解所搭乘的每架飛機逃生門在哪個位置。他說，自己之所以這樣做，是怕萬一出現危急時刻，他不需要浪費機組人員的時間就可以自救，甚至還能救人！

他的這段話，讓我陷入反思。因為工作的關係，我經常需要搭飛機，但隨著搭乘的次數越來越多，我對飛機起飛前的安全知識卻越來越無感。這是為什麼？在層層反問之下，我看見了內心深處真實的想法——一方面是覺得自己已經知道了，但其實不是很清楚；另一方面是想著萬一發生了緊急情況，即使我不知道安全逃生的知識，到時肯定會有機組人員營救的，而這就是那位藝人與我在面對困境的最大差別——他選擇積極主動自救，甚至還能救別人，而我潛意識裡選擇的是等待別人前來救援！

一個人的想法就是一個人的活法，「等待別人前來救援」是我那幾年的想法，也成了我的活法。

那時的我年少無知，當閨蜜正在為了找到一位合心意的另一半而發愁的時候，我還會洋洋自得地分享自己的心得——男友清單。這個男友清單上面，除了一些條件是用來滿足小女孩的浪漫心思之外，我還添加了一些自己不具備，但是希望另一半具備的條件，我也按照這份「男友清單」找到了我的老公。

決定結婚時，我的內心歡呼雀躍，心想以後可以靠老公啦，多幸福！正當我幻想著邁向人生的巔峰時，現實給了我狠狠一擊：沒想到婚前視為「潛力股」的老公婚後會一跌再跌——薪水低、收入少，到最後直接跌停——失業在家靠我養。

命運就是這麼讓人捉摸不透。當時，我有很長時間都處於「離婚或不離婚」的困境裡，想著大不了就離婚吧，找個更可靠的另一半再重新開始。感謝我的孩子在那時候出生了，他的出生完美地堵住了這一條退路。我想讓孩子出生在幸福家庭，於是決定：靠不了男人，那就靠自己吧！

雖然只是一個念頭的轉變，但是從「靠老公」變成「靠自己」，**內在的心念變了，外在的世界都會隨之改變**。我的人生劇本從「小女生」切換到「大女主」：以前幻想改變老公、靠老公來實現夢想，現在則是**改變自己，自己想要什麼就直接去創造什麼**。

當一個人相信自己能創造想要的一切時，他就會處於一種充滿勇氣和積極主動的狀態之中，從而全然地敞開自我，把握和接納一切機會，成為命運的主宰者和創造者。這種豐沛而強大的內在能量，就會創造出豐盛而美好的外在世界。

憑著「靠自己」的這股韌勁，我的日子也漸漸變好了。曾有人問我，就憑「靠自己」這三個字，你就成功逆襲了？這三個字有這麼神奇？一開始，我也不知道為什麼只是憑藉著靠自己過生活，日子就真的一天天好轉了。後來看到《孫子兵法》的「致人而不致於人」時，我恍然大悟——「靠別人」就是「致於人」，而「靠自己」就是「致人」呀。無論是一支軍隊還是一個人，能做到「致人而不致於人」，自然就會天下無敵了！

在那次困境中，「致人而不致於人」是我拿到最棒的禮物，因此我經常跟大家分享，**遇到困境的時候，先慶祝自己能夠遇到困境，因為這可能就是命運在送你生命大禮包的時候，這時候就要鼓起勇氣衝進困境裡拿禮物**。等你拿到屬於自己的禮物時，你就會懂得，一切都是最好的安排。

有一次，有一位媽媽傳訊息給我：「你知道我以前對你說的這句話有多恨嗎？我是屬於典型的『點背[3]怨社會』的那種人。對於我的原生家庭以及發生在我身上的一切，有那麼的多不如意，怎麼可能是最好的安排？後來我嘗試按照你分享的方法去做，去尋找困境背後的禮物，我真的收到了越來越多禮物，改變也越來越明顯，明顯到身邊的朋友都看出我跟以前那個喜歡抱怨的自己完全不一樣了。」

他告訴我，他是如何在困境之中把自己的缺點主動轉化為優點的。他說：「我之前性格極其敏感脆弱，現在我可以把這個缺點轉化為精準感知他人情緒，這對我成為心理諮詢師來說是非常好的助力。之前那些自卑、抑鬱的經歷讓我現在可以更好地理解和共情來訪者；在每天帶孩子的過程中，那些經驗和讓自我穩定的方法都成了我解決別的媽媽焦慮煩惱的素材。」

3 指運氣不好、遇上倒楣的事情。

看著這位媽媽的留言，我的內心暖暖的。

在人的一生中，每個人幾乎都會遭遇人生一次或多次的「至暗時刻」。深陷困境之中，無人幫忙，處處都是絕境。雖然看似無路可走，可是我們依然擁有選擇的權利——被困之時，是選擇等待被救還是選擇主動自救，不一樣的選擇會帶來不一樣的結果。

在困境之中，除了我們自己，一無所有，而衝出困境的祕訣就如同電影《½的魔法》中的一句臺詞——「尋寶的關鍵，就是手裡有什麼就用什麼」。**既然只剩我們自己，那就用好自己，讓自己發揮最大的潛能，去衝出困境，創造奇蹟吧。**

拿回主動選擇權，我們每一個人都會成為命運的主宰和創造者。

找回自己的力量，當自己的救世主

前幾年的農曆新年，我去了西藏拉薩的大昭寺。大昭寺香火很旺，又逢佛像貼金，所以旺上加旺。旺到什麼地步？你人在寺廟裡，根本不用走，就會被別人推著往前。我第一次感受到被擠到肺部要爆炸是什麼感覺，進不得、退不得，出不得、入不得，我只好看著人頭攢動，隨著人潮行走，心生抱怨：「明明是來旅行的，為什麼還要受罪？」

當下的情景，彷彿讓我重回當年陷入家庭困境時的狀態，那時不就是進不得，退不得嗎？被人潮擠到動彈不得的時候，我的一旁正好有一尊佛像，我就望著祂，祂也望著我，人山人海，祂自巋然不動。

我突然想起在歐洲藝術遊學的時候，帶團遊學的老師曾帶我們參觀一個教堂，牆壁上有好多天使，祂們在俯瞰著我們。這位老師教會我們一個「自他互換」的方法——換個視角，想像你就是天使，站在高處俯瞰著前來參觀的人，那作為天使的你會有什麼話想對自己說？你會獲得很多啟發。

反正被擠得動不了，我索性就在人頭攢動的大昭寺裡用「自他互換」法替自己換了一個視角——想像自己就是那尊佛像，坐在那裡看著眼前攢動的人潮。互換角色之後，很多話就從我內心自然地湧現出來：「你們一出生在這個世間，我就賦予了你們無限的力量，幫助你們獲得你們所想要的一切，我身上有的，你們身上通通都有。無奈大部分人都視而不見，不斷外求。只要你們願意拾起自身的力量，我就是你，你就是我。」

內心湧現出這些話後，我心中的一個困惑突然得到了解答。那段時間，我在拉薩旅行遊玩途中遇見好多座寺廟，看著寺廟裡那麼多人，我就問自己：「這些人為什麼要拜佛？」然而我沒有找到滿意的答案，可是就在大昭寺用「自他互換」法互換角色之後，我突然領悟到答案——**拜佛，其實就是拜自己**。

以前，我跟很多人一樣，以為拜佛就是跪拜神像祈求獲得更多的力量，但在大昭寺遇到的困境讓我看清，如果一心只想依賴別人身上的力量，即使在寺廟之中、神像之下也處處皆是困境。困境就是將我們逼到絕處，打破依賴別人的幻想之後，在絕望之中生出無畏的勇氣，對自己負起百分之百的責任，拿回屬於自己的力量！

喪失自我的力量，一無所有；找回自我的力量，一往無前。

自己，就是自己的救世主！

06 把未知當作向上的盾牌

你會以什麼為標準來衡量你自己的成長？很多人以「知道」來作為自己成長的衡量標準，比如在過去某一段時間裡，自己是否知道了更多的知識、經驗、技能、資訊等等。知道越多，成長越快。

我抱持著這樣的想法，在生活中不斷地說著「我知道」。對，我知道自己是個什麼樣的人，想要做什麼事；我知道自己為什麼而活，如何才能探尋更好的生命意義；我知道每天可能會遇到哪些「意外」以及有哪些適用的防範標準；我知道世界發展變化的邏輯，並且能夠適應得很好；我知道他人思考的邏輯，所以大多數人的想法，我都能猜個大概……

因為「知道」，我的生活變得越來越可控，隨之而來的是少了很多趣味性。**當一個接一個的「知道」充滿了生活，它們會在我們的世界裡築成一道道銅牆鐵壁，讓**

那些不在已知範圍的事情難以靠近。

有一次，我參加一場節目創意策劃會議，會議希望大家各抒己見，頭腦風暴，可以碰撞、激發出新的靈感。會議上有很多95後（Z世代）的孩子，他們紛紛提出自己的想法和點子。每當他們提出一些想法，就會被我否決掉，這個不切實際，那個超過預算，這個不夠好，那個不成熟……多年來的工作經驗和心得，已經在我腦海中構建成一個已知的框架，凡是不符合這個經驗框架的都被我剔除在外，他們因此給了我「強勢」和「控制欲太強」的評價。我想，控制欲太強就太強唄，只要不失控就沒什麼不好的，直到我在汪洋大海之中，遭遇一場狂風暴雨。

有一年國慶，我去馬來西亞參加一個朋友的婚禮，婚禮結束後，我們去亞庇的環灘島旅行。那是一個還未被開發的原生態島嶼，從碼頭出發，穿越海洋，需要在海上乘船兩個小時才會到達島嶼。我們一行人開心地上了船，誰都沒想到，船行駛到海中央時，突然遭遇狂風暴雨。

前一秒還是藍藍的天空和海面，瞬間就翻了臉，變成了烏壓壓的黑色。海連著天，我們一船人被巨大的黑色籠罩在望不到邊的海中央。

狂風掀起幾公尺高的海浪，船在海裡上下搖晃。坐在船上的我如同在海上坐雲霄飛車，一下順著海浪升起幾公尺，一下又被退去的波濤扔下去，窗外的暴雨拚命往船裡灌，我的衣服早已濕透，冰冷地裹著瑟瑟發抖的身體。

那一刻，眼前上演著一齣黑色魔幻大片，在感受到大自然威力的同時，我也明白了——在這狂風暴雨面前，我毫無招架之力，所有的一切都失控了。

這感覺，一下子把我內心多年來的「自以為是」和強勢擊得粉碎。我第一次感受到人的力量如此渺小，渺小到一旦發生不測，人所能發揮的作用幾乎為零。

恐懼朝我襲來，我閉上眼，不敢再去看那一片兇猛的海。但是，總得為自己做點什麼吧，於是我心裡默念經文，祈求老天保佑，平安到達目的地。當我把緊張和害怕強壓在心頭，不斷默念著《心經》和《地藏經》的時候，突然心中冒出了一個詞——臣服。

生活總會讓你遇見一些人和事，幫助你明白那些以前自己未曾明白的道理。以前的我不知道「臣服」是什麼意思，但是在那一刻，我明白了。臣服不是屈服，不是懦弱、不是消極也不是隨波逐流。**臣服是你明白，在你之後有著更大的力量。**

很奇妙，當我悟到了「臣服」的含義之後，內心的恐懼得到了緩解，在慌亂之中我也有了一絲定力，而這份定力伴隨著我穿越了那次海上的狂風暴雨。

生命之中，那些讓人無法承受的事情以摧枯拉朽之勢來到一個人的身邊，讓人陷入混亂，讓一個人大腦固化的已知思維被搖晃、鬆動，直至讓人重新看清生命的真相。那次的海上歷險記告訴我，**我們需要勇敢一點，放掉對已知的掌控，不要害怕失控，這樣，我們才能和背後那個更大的力量在一起。**

換作以前，我每天的生活一成不變，毫無驚喜。

在開始新的一天工作之前，我就已經知道自己這天上班途中會經過哪些地方、到了公司會遇見哪些同事，這天要做哪些工作。如果是週末陪孩子去遊樂場玩耍，還沒出門，我就知道到了遊樂場之後，會看見一大群精力充沛的孩子在公共場合瘋玩，我的孩子會玩得樂不思蜀，而我會無聊但又無可奈何地坐在旁邊，滑著手機打發時間。我知道大概到幾點就會耗盡耐心，然後「拎」著玩得滿頭大汗的孩子從遊樂場逃離出來，在擁擠的馬路邊叫一輛車回家，然後這週結束，下一週又開始了。

生命是時時刻刻的未知

一個人所認為的絕境，也許是另一個新的開始。

如同電影《奇異博士》中的古一法師，面對出了交通事故來到印度向他求助的奇異博士所說：「忘掉你之前所明白的一切認知（Forget everything that you think you know）。」

那次驚險的海上之旅如同我的「古一法師」，它讓我領略過大自然的摧枯拉朽之力，告訴我「忘掉你之前所明白的一切認知」，於是在日常之中，我開始放棄掉一些頭腦中已知的認知，學會說「不知道」。

每天出門上班前，我對自己說：「我不知道，我不知道今天出門會經過哪裡，我不知道我今天在公司會遇見哪些人，我也不知道今天要做哪些工作……」

我很喜歡《深夜加油站遇見蘇格拉底》一書中所寫的一個故事：

加油站的蘇格拉底問丹：「你今天，此時此刻，在哪裡？」

丹想都沒想就把答案脫口而出：「在辦公室。」

蘇格拉底繼續問：「你在哪裡？」

丹繼續回答：「我在加油站的一個辦公室裡。」

在後面長達十幾分鐘的對話中，蘇格拉底沒有甘休，一遍又一遍地不斷追問：

「你在哪裡？」

丹在一次次追問下，不斷回答：「在加州」、「在美國」、「在西半球的一塊大陸上」、「在地球上」、「在太陽系中」、「在銀河之中」、「在宇宙之中」。

蘇格拉底鍥而不捨地追問道：「請問宇宙在哪裡？」丹生氣地回答道：「我怎麼可能知道？」蘇格拉底這才滿意地不再追問，因為丹的那句「我怎麼可能知道」切中要點：生命是時時刻刻的未知。

「我不知道」這句話如同有魔法的咒語，一旦你對自己所熟知的一切說出這句話時，神奇的事情就會發生——一切都是未知的。當一個人處於未知之中時，他會拿出百分之百的精力認真地面對眼前的未知，就如同剛出生的嬰兒，以一顆驚奇之心打量著新鮮而陌生的一切。

把這顆驚奇之心帶入我們的生活中，很快你就會發現生活煥然一新，因為我們的感受和反應不再因為已知而處於機械、可以預測的狀態，而是跟隨著當下每一個不一樣的瞬間而隨性創造全新的結果。

未知之中有大美

我曾隨藝術遊學團在西班牙的各大藝術展參觀畫展，帶團的藝術導覽老師說過一段話，讓我印象深刻。每當我們剛進入一個新的展廳時，都會有很多學員第一時間圍到這位老師的身邊，非常積極地向老師詢問這些展品畫的是什麼，代表著什麼意思。老師說：「請相信我，在我開始講解畫作之前，我讓你們自己看畫的那十分鐘是你們最美妙的十分鐘。你們要自己看、自己感受，我怎麼能剝奪你們第一次看到畫作時，那種一切都出於未知之中的美妙感覺？所以不要問，不要問為什麼。」

大音希聲，大象無形，我們看得到的象終歸只是滄海一粟。看不到的，才是廣闊無垠的空間。

不可說，不要問，臨在當下，已是美妙之極。

以前我寫作的時候，總以為一個人需要知道自己要寫什麼才寫得出文字來，但是最近這幾年，特別是在寫這本書的文稿時，我越發感悟，當你寫不出東西來的時候，真正屬於你的東西才有可能出現。

油畫家陳丹青說，「無知」是藝術家最難能可貴的品質。很多藝術家在創作自己的藝術作品時，其實他也不知道自己要創作什麼，甚至當一幅作品完成之後，有人去問他是如何創作出來的，他其實是無法回答的。

生活是時時刻刻的未知，創作也是。

有一次，我帶著孩子去博物館裡看展覽，碰到一個兒童繪畫培訓機構的老師帶著一群孩子看畫展。那位老師向那群孩子詳細分析展出的畫作，分析畫家用這個顏色代表什麼意思，反映了什麼意圖，那個構圖是什麼意思，好處是什麼等等，我當時的第一反應就是：「讓我的孩子離這樣的老師，有多遠離多遠。」

但凡這位老師真正全身心、忘我地創作過一幅畫作、一篇文章、一首音樂、一場演講或者是全身心地投入到他所做的工作之中，他就會知道真正的創作根本不是在這種極度理性的控制之下完成的。

真正的創作是未知、是無我、是臣服，是你坐在空白的畫板上，靜靜等待那個讓你非畫不可的時刻來臨。一旦它來臨，你就趁著這股勁乘風而起，踏浪前行。

換個理由來生活

平時我在跟一些朋友聊天的過程中，經常會鼓勵大家去做自己想做的事情，但是也經常會聽到這樣的話：「我不知道自己能不能做得好。」

這句話成了一道分水嶺，把世界上的人分成兩種人：一種人用「我不知道自己能不能做得好」當作盾牌，擋著全世界對自己敞開的可能性，在已知的世界中畫地為牢，步步退化。另一種人用「我不知道自己能不能做得好」當作衝鋒槍，向未知的世界發起一次次進攻，一次次填補自己的知識盲區，進化成更優秀的新物種。

請記得，**那些你用來拒絕嘗試新事物、新機會的理由，恰恰是這個世界上另一種人勇於嘗試新事物、新機會的最強動力！**時間越久，人與人之間的「差別」只會越來越大，直到不可跨越。

你是選擇把未知當作自己的盾牌還是衝鋒槍？

試著換個理由，過生活。

07 迷茫時，以樹為師

在人生遇到困惑時，你會向誰請教，希望他可以給你指點迷津，給予你啟發？在自我成長的過程中，你會向誰尋求指引，希望他可以傳遞智慧，助你成長？在關鍵時刻進行抉擇時，你會向誰諮詢，希望他可以借你一雙慧眼，看清選擇？

我們往往會去向那些比自己更有經驗、更有智慧、更優秀的人請教，我們將這些人稱之為「老師」。我們希望身邊有最厲害的老師可以為自己指路，如果身邊沒有這樣的老師，那遇到難題時，我們該怎麼辦？

我自己的方法是看看天，看看地，看看樹，看看大自然。老子說：「人法地，地法天，天法道，道法自然。」換句話說，**如果你願意，你就擁有這個世界上最厲害的老師——大自然**，《莊子．大宗師》要傳遞的就是這個意思：繞過你的老師，直接效法自然。

拜大自然爲師，所謂大宗師

我喜歡在大自然中旅行。有一年國慶，我去了一趟內蒙古，在那裡參觀了全中國最大的原始森林公園——莫爾道嘎國家森林公園。這個原始森林公園並非人工培育出來的，而是在自然生態環境下生長的，與我們平時在大城市裡看到的森林公園不一樣。

當我進入那一片原始森林時，感覺非常震撼。這種震撼來自那些在地球上生活了幾百年的參天大樹，它們像高山一樣屹立在那裡，安穩且沉寂。

靠近它們，你會感覺到這些參天大樹帶著你的心一點一滴地沉浸下去，包裹起來，給你一種非常安穩的踏實感，讓你彷彿回到了胎兒時期在母親子宮裡那種沉沉的安全感。雖然只有你一個人，但是你可以感覺到自己是在被某種東西滋養和保護著，這種感覺是我在城市裡的森林公園體驗不到的，而這一切來源於兩者間有著完全不同的生存法則。

林下弱光，造就參天大樹

原始森林裡的大樹樹幹高而直，高聳入雲，枝繁葉茂，因此只有那些在最高處的樹葉才能吸收到最多的陽光，而那些透過樹冠茂密的樹葉灑落在地面給予小樹苗成長的陽光，只有樹頂陽光的百分之四。

依照人類的邏輯來看，林下弱光似乎有點不太合情理，甚至有點殘忍。一棵柔弱的小小樹苗本應該接受更多陽光的照耀才可以快快成長，就如同剛出生的嬰兒，理所當然地要得到更多的照顧，才可以健康成長。

當然，這是人類的邏輯，大自然有大自然的規律，正因為林下弱光，原始森林裡的樹木生長速度非常緩慢。在此生長速度下，樹幹的細胞密度會變得非常密集，因此這裡的樹幹就擁有了更強的抗菌能力以及良好的彈性。這些樹木在大自然中遭受外傷、受到感染時，不會輕易因為腐蝕而致命，遇到大風時也不會輕易被折斷。

除此之外，林下弱光是原始森林裡每一棵想要成為參天大樹的小樹苗的生長法則，因為最充足的陽光在參天大樹的最高處，所以一棵幼苗想要獲得更多陽光，就必須茁壯成長。**只有全心投入、心無旁騖地筆直向上生長，別的旁門左道才不會毀**

掉它成為參天大樹的可能性，它們那副認真的模樣，像極了「模範生」。

當然也有一些樹苗感覺到光線不足，於是決定走捷徑，彎曲生長，於是你會在這片原始森林中看到一幕有趣的場景：原本大家都是卯足全力一心向上生長，因此有些幼苗為了更快地獲得陽光，開始偏離大道走捷徑，彎曲樹幹，從旁生長。那些樹苗中的「模範生」並不會受此干擾和影響，只是繼續緩慢地筆直向上生長，並且超越它們。在這種情況下，已經彎曲生長的幼樹所需要的光線便會慢慢地被擋住，在其他小樹的樹陰下它會逐漸衰弱，而那些循著陽光生長的「模範生」們，自始至終是遵循著自己的初心，按部就班、心無旁鶩、寂寞安靜地向上生長，最終**靠著這個「笨」方法，這些「模範生」終於成為參天大樹。**

心無旁鶩做自己

在莫爾道嘎國家森林公園，站在那些參天大樹之下，我抬頭仰望，心裡第一次有了想要拜一棵樹為師的念頭，想要成為跟它們一樣的「樹」。

參天大樹樹冠那豐盛的陽光如燈塔一般，指引著幼苗要不偏不倚、心無旁鶩、全神貫注地筆直向上生長。如果三心二意，偏離正道，幼苗就會在成長路上折損能量，最後被那些「模範生」的森林幼苗慢慢地超越。**不貪圖快和捷徑，是一棵小樹苗成為參天大樹的必經之路，但凡貪念一生，小樹苗就無法忍耐成長中的寂寞和枯燥，放棄了成為參天大樹的可能性。**所有這些看似苦行僧的日子，都是為了日後能以筆直挺拔的姿態屹立於林。

《聖經》中只有兩處提及成功，一處是：「只要剛強，大大壯膽，……如此你的道路就可以亨通、凡事順利。」另一處是：「通往成功的道路既直且窄，那是一條全心投入，別無旁騖的道路。」這說的是一棵小樹苗長成參天大樹的必經之路，也是一個人成為大寫之人的必經之路。

按照自己的節奏，安靜成長

從容不迫，自在生長，這份感覺讓人心安，以至於回到城市很久之後，我仍會想到在樹下靜心感受的日子。

在繁忙的城市之中，你只要打開手機看社群媒體，各種教你「快速」的訊息充斥螢幕：有教人如何快速致富、快速寫作、快速漲粉、快速變現、快速閱讀……只要把人們想要得到的結果加上「快速」兩字，總會引來無數流量。

有一次，微信上有一位陌生人說想要加入我的社群跟我學習，我把入群連結傳給他，他加入成功之後問我：「你能不能告訴我，我要怎麼樣才能在最短時間內把學費賺回來？」看到這句話，嚇得我當場把學費退還給他，告訴他：「臣妾做不到啊！」

普通人的逆襲需要多少時間？我的一位作家老師——萬能的大熊（宗寧）曾經說過：「普通人的逆襲至少要準備三年時間，第一年用來找賽道，第二年用來實踐，第三年就要在賽道上拿到一些成績。」只是很多人只想追求立竿見影的成長效果，三年太長，沒耐心堅持下來，於是就放棄了。我自己做到今天，也是堅持了五年，做了近四百場的線上、線下分享，才累積出一點小小的成績。

比起做一件事情，堅持做一件事情的價值更大，甚至於只有堅持還不夠，還要學會拒絕。這四、五年的時間裡，有很多人邀請我做很多其他的事情，他們告訴我「這個是當下的風口，是巨大的機會」、「那個是時代的趨勢」、「以你的經驗，在這個平臺很快就會賺到很多錢」等等，一句話就是「機不可失，時不再來」，否則就會錯過一個億！

我也曾對這些讓人眼花繚亂的眾多機會心動過，但是我知道未來自己想成為什麼樣的人，想做什麼樣的事情，所以就錨定了那一個目標，不偏離航線，讓自己像一棵樹一樣，在日復一日的日子中不動聲色地筆直生長：安靜看書、寫作、成長、工作、生活和持續分享。在安靜的儲存能量之下，我的學員越來越多。

幾年後，當時他們說的機會、風口、趨勢、平臺都已經消失在新一輪的機會、風口、趨勢、平臺之中，我才明白，這個世界到處都是機會，只不過屬於每個人的機會不在別人的口中，而是在自己的行動之中，是鍥而不捨地累積出來的。

我身邊有一位朋友巫小敏，他用短短兩、三年時間換了很多「標籤」：閱讀達人，創辦讀書會；職場達人，幫人解決職場上遇到的困境；社群營運師，幫助別人營運社群等等。兩、三年的時間，幾乎每隔一段時間見到他，我就會發現他又換了新的「頭銜」。直到最近見面，他說在經歷很多嘗試之後，這一、兩年終於找到了自己想要長期做的事情。因為找到了這件長期想做的事情，他放棄過往的那些「標籤」，安下心來朝著一個方向聚焦努力。

他告訴我的時候，他已經在自己選定的這條長期賽道上耕耘了兩年，這全身心投入的兩年讓他在這個賽道上開始做出一些成績，獲得一些名氣和影響力，最後他說：

「現在的自己，感覺很踏實。」

一個人要成為一棵參天大樹，這意味著他要放棄很多的選擇，然後錨定一個目標，按照自己的節奏，心無旁騖、全神貫注地朝著那個方向，一步一步地按照規律和秩序向上生長。在這個過程當中，如果一個人的意志不夠堅定，他就會被外在的節奏所干擾。《孫子兵法》其中一條制勝兵法就是「致人而不致於人」，就是在說如果要想勝利，就不要被外在節奏所干擾。一旦被外在因素所牽制，隨外在變化而搖擺不定，原本積蓄不多的能量就會耗費在眾多選擇和搖擺之中，最終必敗無疑。

以正合，以奇勝，所謂出奇制勝

如果你仔細觀察，那些生活在原始森林裡的參天大樹跟森林公園裡的樹有不一樣的小細節，那就是它們的板根，我稱之為重力腿。在它們的根部有一個與樹幹形成三角形的分叉支撐著它們的身體，三角形的結構帶來穩定的力量，參天大樹在面對強風襲擊時，重力腿在身後穩穩地支撐著，從而屹立不倒。

參天大樹的重力腿讓我聯想到《孫子兵法》中的另一條制勝兵法：「以正合，

以奇勝。」軍隊上戰場打仗時，在戰場上與敵人正面對抗的軍隊是正規軍隊，即所謂的「正」；同時，主帥會準備一支預備軍隊從敵方後背奇襲，幫助正面軍隊獲得更大的勝算，這支預備軍隊就稱之為「奇」。所以，出奇制勝的原意並不是說用奇門異術來以少勝多、以弱勝強，而是為自己多做一個好的準備來提升抗風險的能力，增加勝算。

一場突如其來的疫情讓多少人措手不及，令他們的生活、工作以及收入紛紛受到影響。有人因為疫情，客源減少，創業失敗；有人因為疫情，關閉了平日生意非常火紅的餐飲店和酒吧。我身邊有一位朋友，在疫情之中不得已關閉了經營多年的店面，焦慮萬分，因為那是他多年來唯一的經濟來源。

不想讓自己掉入這種被動的人生狀態之中，我們就需要向那些原始森林中的大樹學習，為自己準備一條「重力腿」。想要擁有這一條重力腿，不需要另起爐灶，不需要分身成另一棵樹、另一個人，只需要從自己原本就有的資源中，加上一個新的角度，就能從自己身上「長」出一條「重力腿」來。

曾經，有一位媽媽找上我，希望可以找到他人生的另一種新可能。我問了他兩個問題：「第一，在你目前所做的工作之中，哪一個是最賺錢的？第二，哪一個又是你自己最喜歡做的事情？」我之所以問這兩個問題，是因為對這位媽媽而言，**一味地嚷嚷著要做喜歡的事情而沒有收入保障是不成熟的表現**，所以我們要思考的是如何做到既可以做自己喜歡的事情又有收入保證，兩者兼得。

這位媽媽很快給出了答覆，他說，家庭風險管理顧問是他目前最賺錢的工作，畫畫是他最喜歡的事情，所以目前他正在自學畫畫。拿到這個答案之後，我又問了一個問題：「如何把你最賺錢的工作和最喜歡的事情結合？」

家庭風險管理顧問和畫畫，兩者看起來風馬牛不相及，一個理性，一個感性，好像關聯性不大，但是以我對他的瞭解，他擅長經營家庭關係，那些讓很多人頭疼的夫妻、親子、婆媳問題，他都能輕鬆化解。

想到這裡，我看到他身上長出來的「重力腿」了，於是我建議他以自己的家庭為藍本，為家庭成員塑造漫畫形象，用畫畫的方式把他的家庭風險管理專業知識畫成漫畫，然後發布到合適的平臺。用簡短、真實、有趣的家庭故事打動潛在用戶，而不是用冷冰冰的專業知識和數字說服潛在使用者，這就是他在多年的成長之中順其自然長出來的「重力腿」。

如果每個人都像那些活了很久很久的樹一樣擁有一條「重力腿」，那無論外在環境如何變化，人們永遠都有備案讓自己處於不敗之地，這就是《孫子兵法》所說的「以正合，以奇勝」，**永遠都有多的預備方案，留到關鍵的時刻打出去，制勝。**

在原始森林中，那些活了很久很久的樹，它們無言也無語，日復一日，年復一年地屹立在那裡，安靜地生長。在城市中生活的你，如果迷茫、困惑，不妨回到大自然中，去看看那些活了很久很久的樹，擁抱一下它，甚至什麼都不需要做，只是安靜地待在它的旁邊就好，它們也會給予你關於生活、生命的很多啟示。

樹，是另一種意義上的人；人，是另一種意義上的樹。

看懂了一棵樹的成長，也就看懂了生命的成長。

08 不當贏家，當玩家

我們從小就被告知：「這個世界，成者為王，敗者為寇」；「贏了的人，贏了天下，輸了的人，一敗塗地」。我們的身邊處處都充滿了「輸贏」之爭，比分數、比工作、比收入、比房子、比車子、比另一半等等，那些在職場和婚姻過得比周遭一般人更好的人，往往被冠以「人生贏家」的桂冠，為了贏，人們卯足了勁一味地往高處爬。

在二十幾歲的時候，我總是想要「贏」。有一次我回頭去想，什麼時候開始，我在生命中種下了「要贏」的這顆種子？回憶中，我看到讀國中時的一幅畫面……

讀國中時，我很喜歡的一位地理老師在課堂上提問：「有誰知道，世界上海拔第二高的山峰叫什麼名字？」臺下一片寂靜，我們在腦海中不斷搜索答案，但是找不到。地理老師滿意地看著大家的反應，繼續問道：「那有誰知道，世界上海拔第一的山峰叫什麼名字？」

「珠穆朗瑪峰！」一瞬間，原本寂靜的教室立刻熱鬧起來，答案從每一個人的嘴中蹦出。老師再次滿意地看著大家，緩緩地說：「人們只會記住第一名，哪怕你是第二名，仍然會被遺忘，不會被重視。所以，每一個人都要爭當第一名。」

就在那一瞬間，我的心中就被種下了「要當第一名」的贏家思維種子。

凡事要力爭第一的贏家

後來離開了學校，我從事媒體相關工作，進入很多人夢寐以求的廣電集團。凡事力求第一的思維讓我快速地在職場中脫穎而出，寫策劃案、宣講案、全國性活動總導演等機會降臨時，上司會在第一時間想到我。

我那時看到自己想要的那個前途已經朝我打開了大門，但也是因為害怕輸，太想要贏，當與我合作的同事沒做到最好的時候，我就會心生抱怨：「不給力，扯後腿，早知道我一個人來做好了。」

此外，我總是想著要留一手，在關鍵時刻脫穎而出。因為這樣，職場之外的某些時候，我總會感到小小的尷尬。比如跟同事一起吃飯時，很少有人會主動找我，除了工作上的來往，他們的圈子，對我隔著一道牆。同事一起出去時，我也會比較尷尬，因為還沒出發，大家自行找好了各自的玩伴，我像個「壁花小姐」一樣，等待別人來組隊。有時我會自我安慰：我和大家之所以格格不入，那是因為我追求的目標很高遠，他們無法理解。

凡事要證明「我是對的」的贏家

這種爭輸贏的想法讓我在工作中凡事以爭第一來論輸贏，在家裡就變成了凡事都以爭對錯來論輸贏。那時我經常在家裡跟老公三天一小吵，五天一大吵，不為別的，就是想「贏」，就是想要證明我是「對」的，他是「錯」的。那幾年，幾乎沒有家人想要主動跟我說話，生怕說錯一句話就點燃了我這個「炸藥桶」。

都說孩子是父母的鏡子，父母是什麼樣子，孩子就是什麼樣子。不知從什麼時候開始，我發現孩子特別喜歡當第一名，跑步喜歡拿第一、吃飯喜歡搶第一、玩遊戲喜歡得第一。只要得了第一名，他就會興高采烈地跳來跳去，沒拿到第一名，他就會傷心地哭。

有一次，我跟他一起玩遊戲，我得了第一名，他滿地打滾，哭著說：「媽媽不遵守規則。」我在他身上，看到了那個一心只想贏的自己：每當自己拿到第一的成績時，我總是理所當然地認為是自己的能力強，但是當別人拿到第一時，我就會固執地認為別人是靠運氣或者有內幕，自己不甘心、不服氣。

看著因為輸贏而痛苦的孩子，我第一次產生了不當贏家的念頭。我對孩子說：「我們來玩一個遊戲吧，這個遊戲叫作恭喜你！遊戲規則很簡單，就是在遊戲比賽之中，無論誰獲得第一名，對方都要說『恭喜、恭喜、恭喜你。』」

幾次玩下來，他拿到第一名，我就開心地對他說：「恭喜、恭喜、恭喜你！」我得了第一名，他就開心地對我說：「恭喜、恭喜、恭喜你！」這樣做的目的是希望孩子能夠在自己得到第一名時會感到開心，在別人得第一時會給予祝福，並且學會向比自己更優秀的人學習，和他們成為朋友。

我在想，這個世界上，除了當贏家、爭第一之外，是不是還有別的活法？有一次，我看到華為行政總裁任正非接受央視新聞採訪的影片，他對於「輸贏」的回答讓我豁然開朗。

任正非說：「在和平時期，我們都是『1＋1』政策，一半買美國公司的晶片，一半用自己的晶片。儘管自己晶片的成本低得多，我還是高價購買美國的晶片，因為我們不能孤立於世界，應該融入世界。要共同建設人類資訊社會，而不是孤家寡人來建設資訊社會。我告訴他們，遲早我們要與美國相遇的，那我們就要準備和美國在『山頂』上交鋒，做好一切準備，從那時起，就考慮到美國和我們在『山頂』相遇的問題，做了一些準備。但最終，我們還是要在『山頂』上擁抱，一起為人類社會做貢獻的。我們的理想是為人類服務，不是為了賺錢，也不是為了消滅別人，大家共同能實現為人類服務，不更好嗎？」

活到三十多歲的我，重新界定了「第一」的含義：當我們登上山頂拿到第一、領先別人時，不要拔刀相見、消滅別人，而是要相互擁抱。不是成者為王，敗者為寇，而是為了這個世界、整個人類的進步而服務。不是為了讓更多人記住我們，而是為了幫助更多人進步，這才是拿第一名更大的責任和意義。我相信，我們對拿第一的理解，會讓我們成為迥然不同的人。

比爭輸贏更充滿智慧的就是共贏，因為輸贏靠聰明，共贏靠智慧，沒有成王敗寇，大家都樂在其中；前者是贏家，後者是玩家。

玩家心態是從對手到夥伴，當一個人一心只想當贏家時，他會視所有人為「對手」；當一個人一心當玩家時，他會視所有人為「夥伴」。

我們的孩子，天生就是玩家。他們滿懷好奇，身邊的一切都是新鮮的，他們眼中沒有偏見和固執己見，所以他們總是能夠和不同年齡、不同身分的人毫無障礙地玩在一起，所有人都能成為他們的夥伴。

在玩家心態下，我放掉內心的偏見和對別人的評判，重新認識了每天朝夕相處的同事們，開始逐一看見以前「不給力」的同事身上「給力」的閃光點：「效率不高」的同事其實扎實穩重，「拍馬屁」的同事其實擅長察人心、曉人事，「不按規矩出牌」的同事其實是自帶風格、敢做自己，「溫溫吞吞」的同事其實細水長流，「平時看起來不可靠」的同事其實在關鍵時刻能站在第一陣線等等。

當一個人願意去發現身邊的美好事物，能真心欣賞和讚美別人時，他就會擁有越來越多的人氣。從「我最厲害」到「大家都好厲害」，從「我一個人就能搞定」到「我們一起就一定能做好」，原本工作時間之外「無人問津」的我轉變心態後，最大的變化就是大家願意主動找我參加他們的活動，我們成為了快樂的「夥伴」。

輸贏之爭只會讓自己與身邊人陷入迷霧之中，難以見天日，而夥伴則可以團結更多人，大家在一起「和而不同」，自由又自在。

當我們所追求的快樂不僅是一己之樂，更是眾人之樂，甚至是世界之樂時，我們就會成為大玩家，跨越一切障礙，玩在一起，樂在其中！

不當贏家，當玩家！

PART 2
如何活出自己的高魅力值

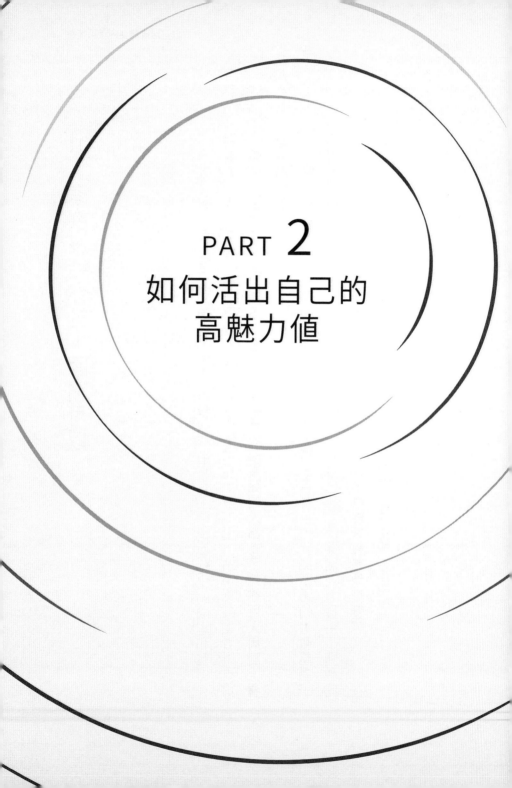

01 家族沒給你的，閱讀可以

大多數人都渴望可以站得更高，看得更遠，但是其中所需要付出的成本和精力往往讓人卻步。其實，每一個普通人都擁有這個世界上最方便、站得更高也看得更遠的機會，那就是閱讀。**閱讀，讓每一個願意拿起書籍的人都有了站在巨人肩膀上看世界的機會。**

在人生低谷時，我開始養成每天閱讀的習慣。這些年，我閱讀過的書籍超過了四百本，每閱讀完一本書，我可以隱約地感覺到自己身上的某個地方發生了細微的改變。日積月累，那些所有看過的書隨風潛入夜般，悄然無聲息地影響著我，而在某一次的家族聚會上，是我第一次清晰地意識到閱讀改變了我原定的命運。

有著相同價值觀的人，往往有著相類似的經歷和命運

對每個人來說，家族聚會是一個適合自我覺察的機會。我們帶著家族烙印走向外面的世界，思想雖然無形，卻是最有力量的武器。一個家族的思想塑造了我們的過去，也影響著我們的現在，如果一個人在走出家族之後沒有持續學習，那家族中大部分人的命運很大機率就會是他的未來。

那次我們整個家族的成員都回了老家，聚在一起祭祖掃墓。聚會中，我和家族中的長輩聊天，其中一位是快到退休年齡的叔叔。記憶中，自從我讀書開始，他就帶全家去廣東進廠打工，直到現在已經近三十年時間了。

那天他喝了一點酒，感慨道：「我老了。這人呀，越老越不值錢呀。」說完這句話之後，他看著我和我先生說：「還是像你們這樣好，有穩定工作，收入還高，就不用像我們這樣辛苦打工。還是要好好上學，考個好大學，才能找份高收入的好工作呀。」

我叔叔的這番言論，幾乎是我的家族中所有人的共識，我也聽過很多親人說起類似的話，以前並不覺得有什麼異常，但是在我閱讀過很多書之後，我清醒地體悟了

這番言論，並思辨了一番。

「人越老越不值錢」，這是真的嗎？

「有份好工作、拿份好收入，就能衣食無憂」，這又是真的嗎？

遇到習以為常的觀點或事情，我們會按下暫停鍵反問自己「這是真的嗎？」並以此放大自己的清醒感，提升自身的思考力，這是閱讀重塑一個人的大腦之後所帶來的新思維模式。

在這之前，我對家族長輩的這番言論是全盤接收——要想以後收入高，生活輕鬆不辛苦，那必須要好好讀書，爭取考個好大學，找個好工作，拿份高薪水。我不但照單全收，也全部照做，所以當我考上大學並找到一份令眾人羨慕的工作時，家族裡的親人朋友都認為我是家族之光，我也以為我會比家族的其他人過得更好。

事實上，我的確是比他們過得好一些，但是工作幾年後，收入增長根本就趕不上我的年齡和增加的開銷，我發現自己陷入了「窮忙族」的狀態——每個月除去生活開銷後，收入所剩無幾，為了更高的收入逼著自己忙得像個陀螺，停不下來也不敢停下來，因為一停，就沒了收入。

我對這種經濟窘境很困惑，想不明白為什麼，後來在我閱讀的眾多書籍中找到了答案。從個人生存模式來說，我與家族裡其他人的生存模式是一模一樣的，無論是我這樣的白領還是我叔叔進廠打工，或者是我其他親人種烤煙，本質上都是一樣的，都是「一份時間獲取一份價值」的生存模式。唯一不同的是，我的工作收入比家族其他人高了一點。

有一次，當我無意中說出家族長輩經常提的那句話「人越老越不值錢」時，我突然意識到自己已經陷入家族命運的輪迴之中。

相同價值觀的人往往有著相似的生存模式、困境乃至命運。在我的家族裡，大家擁有相同的價值觀，有著相同的生存模式——一份時間獲取一份價值，大家也遇到了相同的困境——人越老越不值錢。

隨著年齡的增長所導致體力、精力下降，人能夠用來產生價值的時間變得越來越稀缺，這種家族價值觀讓我在三十歲左右時，第一次狠狠地撞了南牆——那時我身上加起來的所有積蓄不夠兩萬人民幣，這份痛苦讓我調頭走向另一個方向——閱讀，在閱讀中尋求出路。

每閱讀一本書，就能多看見一種新的人生可能性

閱讀的好處在於，每一本書都如同一扇任意門，打開它，你就可以任意穿梭不同時空，跟古今中外的智者隔空對話，聆聽他們耳提面命般的悉心教導。

在閱讀中，我不但知道了我和我的家族是在使用「一份時間獲取一份價值」這個大多數人使用的生存模式，還第一次知道了「一份時間創造多倍價值」這種少數人使用的生存模式，這些新認知完全打破了我舊有的家族生存模式。

如果說，拿起書的人是在閱讀中獲得新知、重新看世界，那放下書並去思考的人就是用閱讀中獲得的新知重新走進世界。

我不停地思考，不斷地發問：「如何將『一份時間產生一份價值』升級成『產生多份價值』？」後來，我找到了答案，那就是分享。我將自己每天做的事情透過網路平臺分享出去，這是普通人升級生存模式最簡單有效的方法，也是這個時代給予每個普通人最大的紅利。

我在日常生活工作中找到值得分享出去的三件事，第一件事是工作。我每天都在工作，每個月獲得一份工作收入，這是「一份時間獲取一份價值」的生存模式，但

是如果我可以每天工作完之後，每天回顧在職場上遇到的好事、壞事，總結心得經驗和教訓並分享在社交平臺上讓更多人看見，那不僅只讓我一個人獲益，而是有更多人獲益，那我的一份時間就產生了多份價值。

第二件事，是閱讀。五年前，我開始養成了每天閱讀的習慣，這個習慣讓我每年至少可以讀完八十本書。這件我每天都在花時間堅持做的事情，讓我自己獲益頗多，但是如果我能把一個人看書的這一份時間變成和十個、一百個、一千個甚至一萬個夥伴一起看書的時間，那這份時間產生的價值就會擴大成十份、一百份、一千份甚至一萬份價值。

第三件事，是親密關係。我把那些平日裡和老公、孩子相處的方法和心得分享在社交平臺上，給予在親密關係方面有困惑的人啟發和幫助。

我多年持續輸出，堅持分享這三件事，讓我累積了很好的受眾信任感。還記得我人生中第一次受邀在分享會上演講，分享的就是閱讀的方法和心得。那次演講近一百人付費報名，算是正式啟動了我「一份時間創造多倍價值」的生存模式，一份時間產生了近百份價值。

我終於在三十歲那一年，第一次用了另一種新認知賺到了「新」錢，而且這個新認知不是從家族襲得，而是從閱讀中習得。因為這個認知差異，讓我開始跟家族裡百分之九十九．九的人走上不一樣的路。

在閱讀中所看到的一切，都在塑造你的新世界

閱讀帶來新知，新知不但帶來「新」錢，還會讓一個人看到新的可能性，塑造一個人的新世界。

有一次，有一位學員向我求助，他告訴我他這些年一直深陷在一段不健康的感情中，無法斷捨離，明明知道那段感情無法修成正果，卻因為害怕影響工作收入而遲遲不肯退出，不斷猶豫和徘徊。這種巨大的內耗拉扯讓他陷入中度抑鬱，不得已來向我求助。

詳細瞭解了他的工作內容、收入情況之後，我發現他這些年來像抓救命稻草一般緊抓不放的工作收入其實並不高，相反，如果他放棄那份工作，或許會有更高的收入和更多的可能性。

我向他分享了我在書中學到的個人生存三種模式：

第一，一份時間只能獲取一份價值。

第二，一份時間能夠創造多份價值。

第三，購買別人的時間再賣出去。

他之所以把原本不高的工作收入當作救命稻草緊抓在手中不放，是因為他從他的家族裡只看到了「一份時間獲取一份價值」的生存方式。在跟他詳細溝通之後，我發現他完全可以把個人的工作能力在網路平臺上放大，從而把個人生存模式升級成「一份時間創造多份價值」的方式。他還可以整合這些年在工作領域中累積的人脈資源，相互合作共贏，開發「購買別人的時間再賣出去」這種個人生存模式。

這樣一來，他就從單一的生存模式轉變為多元化生存模式，新的收入和可能性都會因此而大幅度提高，他完全不用因為擔心工作收入，而把自己綁在一段不健康的情感關係中。

最後，我對他說：「你要學會明白，現在得到的這些，可能是以犧牲更大的可能性為代價，所以一個人要看到更多可能性，才能讓自己不在蠅頭小利前耗費太多的心力和時間。多閱讀，因為只有看到更多可能性，才會創造更多可能性。」事後他告訴我，「只有看到更多可能性，才能創造更多可能性」這句話給了他很大的衝擊，讓他下定決心對過往不健康的情感關係斷捨離，重新開始生活和工作。

看一本書的人生和看一百本書的人生，是完全不一樣的。看一本書的人生如同你站在一樓，你看到的更多是人生的芝麻綠豆和細枝末節；看一百本書的人生如同你站在一百層的高樓，你可以看得更遠和看到更多的可能性。

美好的人生其實並不完全跟錢有關，它跟一個人的見識有關。當屬於你的機會來臨時，你要讓自己有足夠的見識，幫助你做出正確的選擇。

如果有人問我，成長中最重要的事情是什麼，我會回答閱讀。過往閱讀的那些書籍在某個時間點讓我脫離家族裡的既定路線，朝著更多可能性走去，永不回頭。

古人說：「一命二運三風水，四積陰德五讀書。」這話一點都沒錯，如果不持續學習，那家族裡大部人的現狀有很大的機率就是我們的未來。**透過閱讀，一個人的認知不斷擴充和融合，價值觀不斷推倒和重塑**，這樣的人是無法被「算命」的，因為他的思維時刻在變，每一個新認知都會帶他走向一條新路線！

家族沒教給你的，閱讀可以！

02 如何長成一張「不被欺負」的臉

油畫家陳丹青於二十世紀八〇年代第一次去紐約的時候，他寫下：「這裡的人都長著一張不曾被欺負過的臉。」我第一次看到這句話時，內心一下子被擊中了，從此這句話就深深刻在我心中，無法抹去。

你見過那些長著一張沒有被欺負過的臉的人嗎？我見過。

我有一位大學同學兼閨蜜，在校時，我們是形影不離的好朋友，一起吃飯、上課、旅行。我總是很好奇，他為什麼每次在面對跟自己有不同意見的人時，無論對方是同學還是老師，是平輩還是前輩，他總是能非常堅定地表達出自己的觀點，哪怕這種不同的聲音有可能會讓對方有些尷尬和不快。他的臉龐總是洋溢著一種獅子座獨有的王者氣息——自信大方、光芒閃耀，他就有著一張不被欺負的臉。大學那幾年，他成為學校裡特立獨行的存在。

剛進入社會工作的那段時間，每天即使忙完了手裡的工作，我也從來不敢主動離開辦公室正常下班，因為我害怕，自己的每次「正常」都被看作是「不正常」，不努力工作會讓上司不開心。與我完全不一樣的是，跟我同一時間進單位的兩位實習生，在完成自己工作的前提下，一到下班時間就會大大方方地跟辦公室裡的主管和前輩們打過招呼，就有說有笑地下班了。

因為羨慕，以至於時隔多年再回想起那個場景時，我依然無比清晰地記得那兩張不曾被欺負的臉，陽光肆意、明朗自信。

我花了很長的時間反問自己，為什麼自己不能像他們那樣，直接大方地在上級面前表達自己的想法？在不斷地追問之中，我看到了自己內心不曾被看見的一面：我的性格中有「討好型」的成分存在。

不被欺，先不要自欺

古人說：「相由心生。」一個人的外在狀態反映了他的內在真實狀態。那些內心想要討好身邊所有人、討好全世界，卻唯獨忘記自己真實心聲的人，漸漸地都會長出一張被欺負的臉。這種被欺負，很多時候並不是來自外部，而是來自自己，來源於自欺。

一個人因為想要討好別人，放棄自我的想法時，是自欺。

一個人因為別人的不同聲音，放棄自我的聲音時，是自欺。

一個人因為別人的不同標準，放棄自我的標準時，是自欺。

一個人因為別人的不同喜好，放棄自我的喜好時，是自欺。

一個人因為別人的標準答案，放棄自我探尋答案時，是自欺。

一個人因為害怕做自己，而開始做別人的時候，是自欺。

古人說：「自欺欺人。」人總是習慣性地用自己所掌握的經歷和經驗來看待這個世界。當一個人習慣性地自欺而不自知的時候，他就會用同一套思維模式去對待身邊其他人。這時，一個人的自欺就會演變成欺人。

有一次清明節，我回老家遇到親戚家的孩子。幾年前我見過那個孩子，初見時覺得這個孩子帶著靈動的氣息，俏皮活潑，很討喜，於是我就記住了這個孩子。

那年我們再見的時候，我差點認不出來，才兩、三年沒見，孩子臉上靈動的氣息蕩然無存，一股戾氣和被壓抑的感覺浮現在臉上。我正百思不得其解的時候，看到他的媽媽在一旁不耐煩地大聲催促他：「快點吃！不要拖拖拉拉！你看看別人吃得多快！」我看了一眼他的媽媽，對方滿臉怒氣，我頓時明白了。

都說女人在家庭中很重要，女人關係著孩子未來的命運。我一直鼓勵我身邊的女性朋友在**照顧家人之前先照顧好自己，寵愛孩子之前先寵愛自己**，面對自己內心真實的想法時，不要欺瞞，因為想要而又得不到的那些事物永遠在騷動。你以為那些無法釋懷的點點滴滴會被自己隱藏得很好，其實它會潛藏在你的內心，會轉成戾氣、怨氣、怒氣慢慢表現出來，遷移到那些比自己弱的人身上，比如孩子。

愛滿自溢，你好好愛自己，那些豐盛的愛會如同流水一樣透過你流經其他人，滋養你也滋養別人。

愛是會寫在臉上的，被愛滋養的人，臉上會有一種喜樂的福相。

少一點自欺，多一點自愛；一個人的自愛，是人間最美的四月天，讓自己心生歡喜，讓旁人感受到溫暖和柔情。

如果說，我對大家有什麼祝福，那就是希望每個人都能得到自己無條件的愛和支持，忠於自己的內心，敢愛敢恨，坦坦蕩蕩，可以活得「張牙舞爪」一些，讓自己長出一張沒有被欺負過的臉。

少一點「應該」，多一點「活該」

為什麼我們會自欺呢？因為很多時候，我們活在「應該」的世界裡，總有很多「應該」要去做的事情。比如選擇科系時，有人說應該選擇某某科系，因為那個科系收入高，有前途；選擇工作時，有人說應該找個安穩的工作，因為有安穩工作的女孩更容易得到好婚姻；選擇老公時，有人說應該選擇什麼樣的老公，男人老實、顧家、會賺錢最重要。成為妻子和母親之後，又有人說為人妻、為人母就要有相應的樣子，應該要收收心，好好照顧家庭，教育孩子。在這樣的環境耳濡目染下，連做自己都有了「應該」的標準：我們應該這樣做，不應該那樣做。

在讀大學和進入職場的前幾年，雖然我在所有人面前表現得非常自信、大方，但是只有自己知道，我是一個內心很自卑、不安的人。這份自卑、不安來自於我心中有很多「應該」的標準：別人邏輯思維那麼強，說起話來頭頭是道、滴水不漏，而我經常想到什麼說什麼；別人那麼會察言觀色，讓所有人都感到愉悅、舒適，而我不太懂人情世故，沒什麼眼力，只知道埋頭做事。

那時候我的內心充滿了各種「應該」的標準，我「應該」像別人那樣才算得上是優秀。在這之下，是無處不在的自我批判——我不夠好、不夠優秀，這種內心拉扯無限地消耗著我的能量，讓我外表自信大方，內心卻忐忑不安。

放眼生活，這種「應該」的標準，比比皆是。

有一次，有位媽媽跟我說起他遇到了一件令人崩潰的事情。他說：「一大早，我要替孩子做早餐，送他上學，然後買菜，收拾房間。傍晚我要接小孩放學，回家趕緊做飯，然後帶他去各種才藝班，跟他一起學習，透過行動不斷提升自己的育兒能力。晚上要閱讀，提升自己，害怕落後。」

儘管這樣的日子很忙、很累，但他會勸解自己，告訴自己這一切都是媽媽「應該」做的，甚至理所當然地認為：「寶媽不都是這樣嗎？有誰的生活是輕鬆的呢？有的寶媽比我還拚呢。」一直到有一天，因為過於忙碌而導致身體過度勞累，沒辦法準時送孩子去才藝班時，他自責地當著孩子的面崩潰大哭：「為什麼我就不能再堅持一下，送他去上課呢？」

在「應該」的標準下，多少人小心翼翼地把自己隱藏了起來？戴著面具，一次次的自欺，直到自我崩潰。

我一直覺得孩子是大人的老師，在孩子身上，我學會了與「應該」完全不一樣的活法——「活該」。

「活該」是我天性就是如此，我就活該成為這種狀態，而不是別人認為的那種狀態。喜歡什麼、不喜歡什麼、想要什麼、不想要什麼，一目了然。

有一次，我帶著孩子去買玩具，孩子一進商店就看中了心儀的玩具，興奮地對我說：「媽媽，我要買這個。」而我的第一反應是：「這個玩具太大了，家裡放不下，換一個。」

聽了我的話以後，孩子眼中因為興奮燃起的星光黯淡了很多，聽話地去挑別的玩具。他挑來另一個玩具，對我說：「媽媽我要買這個。」我又告訴他：「家裡有一個很像的玩具了，買一樣的不好玩，換一個。」

孩子看著手裡的玩具，嘆了一口氣，繼續去挑，最後挑了一個玩具再詢問我的意見，我說「這個玩具不好玩，不要買」的時候，孩子抬起頭疑惑地看著我：「媽媽，那你說我要買哪一個玩具？」

那個瞬間，我突然意識到我正在用「應該」的標準扼殺孩子內心的「活該」。原本孩子是無比清晰、明瞭知道自己喜歡什麼、想要什麼，面對抉擇毫不猶豫、直接果斷，直接與事情的本質連結——孩子想買的原因是因為他喜歡，但是在外在標準的干涉之下，孩子對自己內心的喜好開始變得有些搖擺不定，無從選擇。

當我意識到這點之後，我立刻對孩子說：「對不起，是媽媽錯了。你喜歡哪一個我們就買哪一個吧。」孩子驚喜地問道：「真的嗎？」我回答：「是的，你喜歡哪一個玩具我們就買哪一個，你自己做決定。」

從這件小事讓我看到，當我們可以跟隨自己的內心做決定，少一點「應該」，多一點「活該」時，不拖泥帶水便可以節省更多能量，乾淨俐落直達事情的本質，從而有更多精力去做自己想做的事情，這也是為什麼孩子氣血旺盛、精力充沛、永遠不累的原因。

活在「活該」狀態下的人，身上有一種獨特的氣質——內心不彆扭、不扭曲，自信又通透。當我少了很多「應該」，多了很多「活該」時，我跟自己握手言和。我喜歡那個隨心而說、隨心而行的自己，喜歡異想天開、天馬行空時靈感湧現的自己，喜歡不太成熟卻靈動的自己。**我愛我自己，無論我是誰；我接納我自己，無論我是誰**。在「活該」的天性之中，我開始展現出一種怡然自在的狀態——我知道我是誰，我知道我的價值所在。

當一個人少一點「應該」，多一點「活該」時，他會長出一張不被欺負的臉。

03 你不一定要漂亮，但一定要有趣

在「好看的外表」與「有趣的靈魂」之間，你會選擇哪一種？

美學大家朱光潛曾說：「我生平不怕呆人，也不怕聰明過度的人，只怕對著沒有趣味的人。」

我年少的時候，總是希望自己能夠長得漂亮，但是現在年齡漸長，我卻越來越希望自己能夠有趣。畢竟，紅顏會遲暮，而有趣的靈魂足以抵擋漫長的一生。

有趣，從哪裡來？從「無用」中來

如果說，「有用」是實用主義，那「有趣」則是「無用」的浪漫主義。

人開心活這一輩子，多多少少還是需要一點浪漫主義的，教會我這一點的是我先

生。在我們的第二個孩子剛出生沒多久，他就一個人在家門口的荒地開始忙東忙西的，每天早晚雷打不動地開墾荒地、除草、施肥、澆水，每次一弄就是一、兩個小時。那時正是一年之中最熱的季節，我待在冷氣房裡都覺得熱，而他居然在戶外挖地，忙得不亦樂乎。

有一天，他挖了一個多小時之後滿身是汗，回來告訴我，他中暑了！我不太能理解他的行為，問道：「你這麼喜歡挖地嗎？」他告訴我，他要挖地種花，等時間一到，這片荒地就會變成一座美麗的花園，開滿了各式各樣的鮮花，而他要親自建一座花園，送給剛出生的女兒！

我很難形容，當時他這番回答帶給我的內心觸動。難以想像，一個近四十歲的中年男人居然還有這般的熱情和趣味！換作是我，我是斷然做不到的。畢竟，現在很多人認為自己每分每秒的付出都必須帶來金錢回報，否則就是浪費時間、浪費生命。像他這般勞心勞力花幾十個日夜去親手建造一座花園，多少顯得有些笨拙、低效又無實際大用，怎麼算，都不划算。

都說「上有老、下有小，自己還要謀溫飽」是中年人的真實寫照，可是眼前的他眼睛裡全是滿滿的無端歡喜，而這份無端歡喜來自對「無用之事」的享受。那一刻，我看著他，內心忍不住問自己：「我們平時是不是太著急了？」急著想要去做某件事，急著想要得到答案和結果，但是我們追求的目的根本就不純粹，根本就沒有享受到這件事，所以生活才會在著急、匆忙之中，喪失趣味。

我們總以為有趣的靈魂在遠方，所以總是著急地追逐那些沒有擁有的未來。我先生用「想要親自為女兒建一座花園」的行動告訴我，有趣的靈魂不在遠方，就在平淡的生活中。如果一個人能在平庸的生活中擁抱自己，便也能在平庸的生活縫隙中捕捉到那些快樂的風影，將細碎的日子過得趣味十足。

現在對「金錢、快速、成功、高效」的過度追求，已經讓這個世界越來越同質化，無趣正在被批量複製，而那些有趣的靈魂逐漸成為稀缺的存在，活得無趣、不快樂的人越來越多，活得有趣、生動的人越來越少。

說到底，無趣的人生與有趣的人生其實是兩種截然不同的生活態度所導致的：前者追求利益最大化，信奉「時間就是金錢」，把世界視為賽道，「不成功便是失敗」；後者信奉生活本身就是一場美學盛宴，享受其過程勝過結果，因為享受生活的過程，所以他們才有時間和閒情發現生活縫隙中瑣碎的美。

楊絳寫過很多關於錢鍾書的趣事，其中最讓人印象深刻的是「錢鍾書幫自家貓咪打架」。錢鍾書的貓咪經常跟鄰居林徽因家的貓打架，錢鍾書害怕貓咪吃虧，於是準備了一根長長的竹竿，無論多早、多冷，只要自己家的貓咪一叫，他就會從被窩裡爬起來幫貓咪打架。

每次幫貓咪打完架回來的錢鍾書都會被夫人楊絳「教訓」一頓，說「貓與貓打架，勿去偏幫，不可傷了和氣」，結果錢鍾書口頭上答應「好的，老婆說的對」，第二天轉身就繼續拿著竹竿子悄悄去幫自家貓咪打架。

每每讀到錢鍾書這則趣事的時候，我一邊捧腹大笑一邊心生感嘆：**兒時的有趣是天性，長大後的有趣則是一種選擇**。不少人在成長中，權衡利弊之後自願放棄了生活的趣味，而有人在成長中，依然胸懷赤子之心，對生活中的趣味視為珍寶。

「無」比「有」更強大

某一年新年，我在雲南的玉龍雪山下做了一個夢。醒來的時候，那個夢境的內容我已經不記得了，但是夢境中的一句話如同神諭般，一直留在我的記憶之中——「無」比「有」更強大。

這句話出現在我的世界中時，我一直不太能夠理解它的含義，因為在我們習以為常的慣性思維中，「有」才是力量的象徵。直到我在北京的一個畫展中看到了一幅畫，一下就明白了這句話的真意。

那是一幅很簡單的畫，你站在遠處欣賞的時候，一眼就會看到畫中那隻黃色的蝴蝶。那隻蝴蝶的顏色過於耀眼，一下子就吸引觀眾的所有注意力，除此之外，畫布只剩一片黑。但是當你靠近、再靠近那幅畫時，那幅畫的美妙才得以展現出來：你的眼光會從那隻耀眼奪目的黃色蝴蝶上挪開，看到在那片一開始就被自己忽略的黑色畫布上，有一隻、兩隻、三隻，無數隻黑色蝴蝶。

在那幅畫前，我呆呆地站了好久。我看著它，它也看著我，就如同我看著我的生活，我的生活也看著我。太多時候，我們心心念念想要擁有的那一切，多麼像那隻耀眼的黃蝴蝶，占據了我們所有的注意力和精力，讓我們忽略了自己從未曾留意到的那些黑蝴蝶。明明黑蝴蝶那麼多，多到數都數不清，牠們聚在一起就是一片巨大的海洋、一個浩瀚的星球、一處無垠的宇宙。

我站在那幅畫前，分享自己的感悟——**當我們一心追逐心中的那個「有」時，我們是不是也會忽略掉很多眼前的「無」**。

看畫展的事情過去很久之後，我突然收到一則訊息，傳訊息給我的人是曾經跟我一起去看畫展的夥伴。他在信息中寫道：「大人的世界裡，只剩下一支手機，而孩子的世界裡，卻有一片廣闊的天地。有時候，所謂的長大，會不會是一種窄化。端午節放假，我午休時躺在床上，忽然想起那年年底你帶我們去看的藝術展，當時你指著其中一幅畫對我們說：『你們看這幅畫上有什麼？』所有人都聚焦在那幅畫的黃色蝴蝶上，你繼續提示我們：『除了黃蝴蝶，還有什麼？』這時我才察覺，原來這幅畫裡還有更廣闊的部分被我們忽略了，只是因為那些地方被塗黑了，於是我們就只盯著那隻黃色的蝴蝶看。你繼續說道：『那隻黃色的蝴蝶像不像我們生活中的追求？比如房子、事業、老公、孩子……我們的生活中，似乎被簡化到只有這幾樣東西，所有人都在拚命地為了這幾樣東西競爭、賣力、攀比……』」

他告訴我，看到那幅畫以及聽到我的感悟那一刻，他有一種被炸醒的感覺。當他在現實生活中有所困惑的時候，他就會想起那幅畫中的黃蝴蝶和黑蝴蝶來幫助自己化解心中的困惑，可以與平凡的每一天握手言和。

車子、房子、金錢等目標是看得見的黃蝴蝶，那些清晨的陽光、土地裡的蔬菜、花瓶裡的鮮花、明媚的笑容、愛人的溫柔、孩子香甜的吻、身邊的朋友、有趣的人、無所事事的閒暇、無用的愛好等，都是看不見的黑蝴蝶。這些黑蝴蝶，雖然容易被忽略，然而最持久；看似最無用，然而有大用。

有趣是什麼？如果說現實生活是一座迷樓，那有趣就是一對翅膀，可以幫助我們飛出迷樓；**如果說現實生活充滿了各種現實主義，那有趣就是浪漫主義，是你內心某一刻想要「叛逆」的生命力。如果你被有趣的事情召喚，想要飛起來，那就是有趣帶給你的力量。**

生活百無聊賴，是因為人百無聊賴；生活趣味十足，是因為人趣味十足。

祝你我，擁有一個有趣的靈魂。

04 鬆弛感是女人最好的化妝品

我曾被問道：「用什麼樣的化妝品能讓自己看起來更美？」

我回答：「鬆弛。」然後我又被問道：「怎麼樣才能讓自己鬆弛？」

想知道這個答案的女生是我的一個朋友，畢業於國內名牌大學，靠著真誠的性格和出眾的能力把電商事業做得風生水起，但是他不快樂，滿臉焦慮。

他向我問這些問題的時候，我還滿意外的，因為在大多數人眼裡，他很成功。他向我描述他的生活，雖然公司做得有聲有色，但是他每一天都很緊繃，因為太過用力，彷彿每一天都在過度消耗，感覺自己特別累。每天起床，看著鏡中的自己，他總覺得臉上無論用多少昂貴的化妝品，都無法遮蓋厚厚的疲倦感。

我問他為什麼想從我這裡知道答案，因為我也不是很美的女生，對化妝品也不是很有研究。他說，因為我鬆弛，臉上有一種安定的自在，皮膚裡是閃著光的。

是的，對我而言，鬆弛是我的生活信念，也是我希望自己能達成的狀態。如果你經歷過生活的毒打，就會明白**一個人的鬆弛感並不是天生的，而是一個人在時間的長河裡不停地與這個世界肉搏後，找到了最適合自己的生活方式，開始不受控於外界，與自己握手言和**。

一個人歷經世事之後，不再被外在的標準所綁架，敢於為自己所想要的一切而努力，以及對這一切的結果負起百分之百的責任，拿得起，放得下——能拿起心中的欲望，不斷嘗試體驗，不負自己；體驗過後，放下多餘的雜念，選擇最想要的活法，從此心無旁騖做自己。自此以後，你的每一天，都是「正合心意」。

有一次，我跟一位做知識財產權相關的朋友聊天。這位朋友很好奇，他認為以我的個人能力應該可以獲得更多粉絲，於是他好心建議我應當更努力「營業」、直播、輸出來吸引粉絲，這樣就會有更多粉絲、知名度和影響力。畢竟，別人不睡覺熬夜加油開幹的時候，我每晚十一點就早早上床睡覺休息。在這位朋友看來，相比於大多數人，我還是有很大的「進步空間」的。

面對他的好奇和建議，我告訴他，為了獲得剛才他所說的那一切，追逐風口和紅利，自己曾經有幾年的時間一門心思全放在工作上面，付出了很多的努力。**一個人**

所付出的努力裡，不僅僅是看得見的行動，還有看不見的心力和氣血，以及自己安靜獨處和陪伴家人的時間。努力過後，我得到過，但是也付出身體健康的代價。

當一個人為了心中所想全身心付出，最後到達目的地時，會發現早早在那裡等著我們的還有一座天秤。天秤的一端是得到，一端是代價，上面清楚地寫著——有得必有失。看清這一切之後，一個人就會明白，自己要拿走什麼，要放下什麼。

我告訴那位朋友，現在這種活法是我在努力嘗試過各種活法之後，選擇最適合我個性和節奏的活法。雖然節奏比以前慢一點，結果可能也來得慢一點，但是它讓我「所想成為之人」、「所愛之人」以及「所愛之事」三者兼得，更具有可持續發展性。別的活法或許更高明，能擁有更高收入，但是並不適合我這種天生略帶散漫的性格。

一個人的鬆弛感，來自弱水三千，我只取這一瓢。接納自己，並且選擇讓自己怡然自得、心無遺憾的生活方式，從此對生命中所有的一切抱著順其自然的心態，「得之我幸，失之我命」。

信任和允許一切發生

我在很小的時候，無師自通學會了一種自我暗示法。國中的某個暑假，我的父親帶我去南嶽爬山，在南嶽的一座寺廟裡我抽了一支籤。那是我人生第一次抽籤，居然抽中了一支上上籤！那時我剛讀國中，面臨非常多的不安，不確定自己的未來會怎麼樣，不確定自己能不能考上大學，不確定自己能不能走出那個小縣城，去外面看更大的世界……眾多的不確定充滿了我的內心。

很奇妙，年齡尚小的我在那一年夏天抽到一支上上籤之後，開始不斷地告訴自己：「我是一個幸運兒！我是一個幸運兒！」再後來，當我發生一些好事時，我就再次告訴自己：「你看吧，說了我是一個幸運兒吧。」

雖然聽起來挺好笑的，但是人活著不就是靠著心中的相信嗎？一開始這句話是我的一種自我暗示，後來說得多了，就變成了一種信念。它讓我信任自己，帶著勇氣在這個充滿未知的世界中橫衝直撞，然後又帶著美好的期盼篤定地爭取自己想要的未來。

我想，你一定見過有一種人是身上帶著很安定的鬆弛感的人，無論眼前發生什麼事情，他們既不緊張也不害怕，面對所有的一切，總是一副「進退有度、鬆弛有道」的模樣，彷彿一切都難不倒、困不住他們。

有人說，這樣的人自身能力很強，所以才能保持這樣的鬆弛感，其實這只是其中一部分，更重要的因素是他們在面對充滿不確定的外在世界時，「信任」是他們的定心丸。這種信任不僅僅來自他們對自己的信任，相信「我是一個幸運兒」，更來自他們接納一切好的、不好的事，相信「一切都是最好的安排」。

後來，我看到作家木心的一段話：「一個人能否成大器，主觀因素最重要，被人忽略的是信心、是信念。天才幼年只有信心，沒有計劃。天才第一特徵乃信心，信心就是快樂。」

你看，**一個人鬆弛感的背後，是由莫大的信心所支撐的**。

很多人告訴我，在焦慮迷茫的時候會去看我寫的文字、去聽我分享的影音。他們說，我的文字和聲音能夠幫助他們消除焦慮，獲得一種安定的鬆弛感。他們想知道我很少焦慮的原因，其實很簡單，就是**把自己完全打開，信任生命本身的安排，然後接納和允許一切的發生，對未知的一切不帶任何敵意，這就會讓人鬆弛**。

鬆弛一點去生活，不用時時刻刻在意自己能夠得到什麼，不用緊繃著神經要求自己像個無堅不摧的鋼鐵戰士。**生活不會因為你輾轉反側、難以入睡而變得更好，未來不會因為你的誠惶誠恐而發生任何改變，命運也不會因為你無故的焦慮而停下腳**

步對你稍加照顧。放輕鬆一點，鬆弛一點，接納和允許一切，給生命一條出路，也給自己一條生路！

我很喜歡跟那些容易充滿焦慮的朋友分享一則真實的故事。有一家人一起出門旅行，結果到了機場才發現小孩子的證件過期無法登機，於是媽媽就帶著孩子回家了，但是所有行李都在媽媽名下，全家人的行李都被機場退掉，導致其他家人只好空手出發旅行。在整個意外發生的過程中，一家人竟然沒有一絲的抱怨、指責，全程都非常平靜和順其自然，就像發生了一件普通得不能再普通的小事。

這個故事曾在網路上引發熱議，很多網友紛紛留言表示羨慕。很多人說，如果自己是那位媽媽，估計早就被家人責備了——沒有提前準備好孩子的證件，會被家人抱怨——不能全家人一起旅行，責備和抱怨會引發更大的責備和抱怨，最終旅行會不歡而散。但是，這一家人面對這一切時，居然就像什麼都沒有發生一般！太幸福了！我想這一家人之所以被這麼多網友羨慕，就是因為他們在各種意外發生時，接納、包容所有事情的發生，放下攻擊性和戾氣，帶著鬆弛的態度面對所有好的與不好的。

是呀，生命就是這樣，有好有壞。如果發生的是壞事，清風拂山岡，明月照大江；如果是好事，則是生命的禮物。放輕鬆，無論好的還是壞的，享受所有。只要你接納和允許所有的好事與壞事，那些事情就會變成我們生命的養分，化戾氣為喜氣、化攻擊為圓滿，日子久了，內心的喜氣和圓滿就會長在一個人的臉上，讓我們呈現出年輕喜樂的狀態！

05 身體是你的獨家博物館，愛它才是愛自己

你可曾細心打量過你的身體，觀察它是什麼樣子的嗎？你可曾熟悉你的身體，瞭解它是處於什麼樣狀態嗎？你可曾閉目觀照過你的身體，感受你與它之間存在的某種感應？你可曾安靜聆聽你的身體，傾聽它對你訴說的話語？你可曾花時間跟你的身體好好相處，瞭解它運作的方式？或者，你可曾真正愛過你的身體？

對大多數人來說，要做到真心愛自己的身體並不是一件容易的事情，兩、三年前的我也沒做到。那時，儘管我嘴上不說，內心卻充滿了對身體的不滿和抱怨——不滿體形的臃腫和滿身鬆垮無力的贅肉，抱怨身體不夠優美。每天洗澡時，我總是避開鏡子，不願多看自己一眼，怕增添更多的厭惡，內心對身體的排斥讓我和身體處於對立、隔離的狀態。

身體對我而言，只是一具軀體，別無他用。俗話說「種瓜得瓜，種豆得豆」，這

個普世因果定律同樣適用於一個人與身體的關係：你給出什麼，便得到什麼。

你給身體以漠視，身體便封印了所有的精氣神，給你一具無精打采的軀體。

解除「封印」，讓身體「甦醒」

身體被「封印」最明顯的特徵就是整天昏昏沉沉、無精打采，提不起興趣，即使想做點什麼也是有心而力不足。身體一旦被「封印」，做事情就容易拖延。幾年前，我有典型的拖延症，做事情總是想推到最後一秒才起身去做。每天早上鬧鐘響了，從床上坐起，猶豫一下，又躺下去繼續睡；我一邊對自己說，不要偷懶呀，不要拖延呀，一邊又昏昏沉沉的，覺得行動力下降。

一個人的拖延，有時是因為身體能量不足，有心無力。為了解除被「封印」的身體，我開始在日常生活中做好三件小事：一是好好飲食，二是好好睡覺，三是堅持運動。

好好飲食和睡覺是在蓄積身體的能量，堅持運動則是提升身體的精氣神，尤其是運動，它是解除身體「封印」的一劑強效針。我在眾多健身運動中選擇了適合自己並且能夠長期持續的運動項目——瑜伽，保持每週至少三次的運動習慣。

當初我選擇練瑜伽只是想鍛鍊身體、充盈氣血、通經活絡，但長期練習下來，我發現瑜伽不僅僅是一項運動，更像是古人在練功，不會讓人變得多麼厲害，卻能幫助人回歸如常，幫人回到當下，恢復對身體的覺知，讓人更穩定、更自然。

在呼吸之間、在靜默之中，我開始學會與自己的一膚一肌好好相處，這些靜默時光，會釋放女性生命中最璀璨的內在之光。

在運動中，身體開始「甦醒」。有一次瑜伽練習時，我腦海中冒出了一句話：「我的身體是安靜的。」那是一種很奇妙的感覺，我看著鏡中的身體，第一次用欣賞的眼光打量它，像欣賞一座山般欣賞它——安靜、有力、沉穩，同時它是活的，是「甦醒」的，呼吸就像是山間的溪流，正緩緩地、靜靜地在我的身體中遊走，如同山泉水從山間流淌而過，發出嘩嘩的聲音，而這聲音如同天籟，你如不定，便不能聞。

日復一日的運動如同一把雕刻刀，把贅肉雕刻成線條，把無力雕刻成張力，把無神雕刻成精神，把鬆垮雕刻成氣勢，把臃腫感雕刻出空間感！在運動之中，身體變成了米開朗基羅手下的大衛，呈現出原本的美感——流暢、靈動、健康、茁壯、力量與柔美。運動了兩年之後，我再次站在浴室的鏡子前看我的身體，心中不再是排斥和厭倦，有的只是欣賞和讚美。

美好和健康帶給我一種治癒力，我意識到自己以前對身體的漠視和厭惡是多麼的暴殄天物！我們的身體簡直就是一件頂尖級的藝術品！而**身體也懂得知恩圖報，你欣賞它，它便解除「封印」、恢復覺知、分泌多巴胺，呈現野性快樂的模樣。**

有一次下班回家，我在路邊等車。車到的時候，我無意識地一蹦一跳地跑向那輛車，步伐像個孩子一般輕快。等在車裡坐定的時候，我才意識到剛才自己居然在蹦蹦跳跳！這般動作很多年不曾出現在我身上，它讓我意識到，現在的我很快樂！準確地說，是現在我的身體很快樂！快樂得像一隻飛鳥！它不再沉重無力似巨石，而是輕盈自在似飛鳥。

因為輕盈，所以我帶著我的身體在山間、在田野、在球場、在高原上嬉鬧、奔跑、舞蹈，感受隨性與自在。在快樂與野性之中，我感受到身體不是那些數字，它是一首詩、一串音符、一個夢以及一件藝術品。最重要的是，它是有感覺的，是跳躍的、輕盈的，喜樂美好、有生命力的！

你是什麼樣子，你的身體就是什麼樣子

我曾觀察過身邊一些隨著年齡增加，容顏開始失去光彩的女性。**容顏開始變得黯然無光彩，大部分是因為內在的負面情緒無法正確釋放或者稀釋，內在的真正渴望又求而不得。**這些得非所求、求而不得的情緒，你以為你會忘記、會消失，其實不會，它會沉澱在一個人的身體之中，會融入血液和細胞之中。

有一位學員曾對我說，因為性格的原因，不管是對家人、朋友、同事，他總是優先照顧別人的情緒，把自己的需要排諸腦後。他總是做得很多，卻甚少有人注意到他的付出，所以他連最基本的訴求——別人的好評都得不到。沒有人察覺到他的心情，更沒有人稱讚他，於是在日復一日的辛苦中，他感到越來越委屈、不快樂。

他說，很多人不顧及自己的情緒，以為自己不重要，但**當你長期忽略自己時，不只在你的內心，更是在你的身體裡，都會寫滿不如意。**現在，他都不敢看鏡中的自己，因為臉色暗黃，眼睛裡沒有一點光芒，曾經內心最渴望自己活得朝氣蓬勃，到頭來敗給了生活，也敗給了自己。

青春轉瞬即逝，愛自己的人會全身散發光芒，不愛自己的人，身體裡也留下了苛待自己的痕跡。身體就是我們每一個人的博物館，它用一膚一肌、五臟六腑、氣血經絡去記錄發生在我們身上的所有事情與境遇，這座獨家博物館真實地記錄了曾經被付出的生命、被接收的喜悲、被吸引的光芒以及被療癒的歲月。我們的肉體在記憶，骨骼在記憶，關節在記憶……這些記憶化成了我們最終的使命，詮釋了我們活過一生的意義，所以你過得好不好，你的身體最知道。

如果一個人是快樂的，他的身體也是快樂的；如果一個人是輕盈的，他的身體也是輕盈的；如果一個人是野性的，他的身體也是野性的……請給你自己幾分鐘，靜默片刻，感受一下此刻你的身體是什麼樣子的，也許你就讀懂了你的生活，讀懂了你的喜悲。

有一次，我受邀直播，一些認識我好幾年的老會員看到我在直播中的狀態，紛紛留言告訴我，現在的我狀態很棒，輕鬆自在而且充滿了精氣神。這些轉變，來自近些年我的新體驗——像愛護嬰兒一樣愛護自己的身體，用新鮮營養的食材餵養身體，用優質充足的睡眠滋養身體，用適合自身的運動喚醒身體。

「天地萬物之中，凡是被人喜愛的，都會用最好的一面來回應。」你為自己的身體傾注愛，它便會一直陪在你的身邊，時刻為你提供能量。當你能量充沛時，你會越來越愛自己。試問，誰不愛那由內而外綻放光芒的自己？

除了這些，我還養成了一個新習慣，就是每到年底會幫自己拍一張照片，以此來對比過去這一年身體發生的變化：有沒有更和諧？有沒有更朝氣，更喜樂？我很在意身體的外在呈現，因為身體和諧意味著內在和自己握手言和。

當一個女人內外皆有力量時，整個人內外都渾然一體，他時刻都有一種腳踩大地的穩定感，以及跟天地萬物連接在一起的靈動感，這種感覺會讓人覺得「我是被眷顧的、被呵護的」。

這種穩穩的安全感會讓你擁有更大的勇氣和力量，你從此不再害怕，因為你的內心會滋生更多的力量。你會相信，**縱使失敗，也不過是帶走一個舊我，而新我，會讓你成為更好的自己**。

06 在旅行中迭代自己

旅行，在一百個人眼中，有一百種不同的意義。有的人旅行是為了用腳步丈量腳下的土地，有的人旅行是為了看更多的風景，有的人旅行是為了打卡、拍照、發社群，有的人旅行是為了見更大的世界。

有人說，旅行是一座移動的學校。如果真的是那樣，那我一定是一個在課堂上昏昏欲睡的學生，否則這座學校不會用各種各樣的發問敲響我的「警鐘」，直到我醒來。

人生是願力重要還是業力重要？

某個農曆新年，我和老公搭飛機前往拉薩旅行。我是一個特別喜歡在飛機上睡覺的人，我曾經在飛往荷蘭阿姆斯特丹的航班上一連睡了近十六個小時，這次也如往常一般，登機之後，我直接閉眼就睡著了。

不知道睡了多久，我開始感受到一陣顛簸，我以為是常見的氣流，過一會兒就會平息了，所以也沒有在意。可是那陣氣流並沒有如我想像中那般過一會就平息，反而是持續顛簸，而且幅度越來越大，直接把我從睡夢中驚醒。

我感到害怕，手心開始冒汗，開始四處尋找飛機上的工作人員，彷彿只有看到他們，內心就會安穩一點。結果，因為氣流顛簸嚴重，客艙裡面已經停止了所有的服務。飛機到達喜馬拉雅山上空時，再次遇到更強的氣流顛簸，我坐在座位上居然被搖晃得有些東倒西歪。更可怕的是，客艙裡已經開始有人因為受不了雲霄飛車般的顛簸而尖叫，而我在經歷飛機突然下墜那一刻時，心跳幾乎停了半拍。我看著旁邊的老公，內心更恐慌了——孩子還小，如果我們發生意外，那該怎麼辦？

一個人陷入恐慌的時候，平日裡度年如秒的時間開始變得度秒如年。那一段讓人害怕又無助的時光，放在當時，怎麼熬都感覺時間過得太慢，而緊張、害怕如海水一般一層又一層湧來，讓人窒息和失控。

人，在面對未知的時候，總是習慣性地恐懼。其實，面對未知而選擇恐懼，有時不是因為懦弱，而是因為很多人不知道還有別的選擇，其實我們還有別的選擇，那就是選擇信任。這個世界上，總有一些人以一種堅定的信仰去對抗巨大的未知和恐懼，在一片混沌之時開天闢地，彷彿走在宇宙之前。

在飛機持續遭遇氣流顛簸的時候，我開始轉移自己緊張的情緒，在心中默念各種經文咒語，祈求神明保佑，漸漸地心生一絲安定的力量。後來我不光替飛機上所有人祈願，也替世界上所有需要乘坐飛機的人祈願，祈禱平安。這樣一轉念之後，我意識到情緒上很奇妙的轉變。為自己祈願時，我心裡會有害怕失去的情緒，但是為眾生祈願時，我的內心升起了一股強烈而堅定的責任感，這份責任感會讓我更安穩和更有力量感。

那是一種什麼樣的感覺？電影《中國機長》中機長的原型劉傳健在一次採訪中被記者問到，當他發現飛機出現巨大故障、生死懸於一線，他的想法和當下的心情是怎麼樣的。劉傳健說自己當時顧不上害怕恐懼，心中只有一個強大的信念——盡自己最大可能，保護好飛機，保護好機上人員。

這是劉傳健作為機長的「願」，而正是這一份「願」，讓他在零下四十多度、極度缺氧的極限條件下，突破了人體極限，做出了三十六個正確的選擇，將不可能變成可能，安全將飛機降落在成都機場上。

梁冬在《處處見生機》這一本書中，寫道：「人生是願力重要還是業力重要？這沒法思考，只能選擇。在不知道該怎麼辦的時候，用願力可以有更好的定力。」

願力有著強大的療癒力，就如同你的面前有一個牽引你向前的力量，**即使前途漫漫，不知歸路，但是為了心裡的那一點光，你依然鼓起勇氣前行**。這個道理，是拉薩的高空之旅教會我的。

當恐懼和害怕裹挾著你，讓你無法呼吸和前進時，不妨想想這個世界上還有一群和你一樣在經歷著恐懼和害怕的人。一旦你朝著光邁出自己的第一步，你背後的光將會成為讓他人走出恐懼和害怕的力量。

走大多數人走的路，還是少數人走的路？

某年國慶日，我選擇去呼倫貝爾旅行。呼倫貝爾因為大草原而讓人心馳嚮往，每年的七、八月是旺季，九、十月則是淡季。淡到什麼地步呢？淡到我們那次旅行結束，呼倫貝爾的景點就要全部關門，準備休息過冬了。我去過呼倫貝爾好幾次，但是還是第一次選擇淡季過去，而這樣避開旺季出行，給來過好幾次呼倫貝爾的我，帶來不一樣的視覺享受。

綠油油大草原、風吹草低見牛羊已經是遊客心中對呼倫貝爾固有的想像畫面。先入為主的固有想像會在一定程度上左右一個人的選擇，所以大多數人會選擇在夏天七、八月的時候來到呼倫貝爾。

做大多數人做的決定，走大多數人走的路，只會看到大多數人看到的風景，過大多數人過的人生。這個道理，是我最近這幾年才慢慢領會到的。

在大多數人固有的認知中，秋天的呼倫貝爾會很冷，而且草原的草已經枯萎，這個時候去呼倫貝爾是不是傻？其實大多數的人可能不知道，草原的草雖然已經枯萎，呼倫貝爾的森林卻換上了金燦燦的外裝，放眼一看，層林盡染。景色之壯觀，若非親眼所見，人們將無法領略其中的美。

大家以為內蒙古畜牧業發達，其實內蒙古的農業名列前茅，因為這裡有著得天獨厚的自然條件——黑土地、充分的光照、一年有數十天無霜期等，這都讓內蒙古發展出現代化先進的農業條件。

作為世界巨富家族，羅斯柴爾德家族向子孫口口相傳的一句話就是：「讓自己永遠處於資訊的中心。」只有這樣才能保證資訊的及時性、準確性和稀缺性，以此來幫助人做出正確的決定。

試想一下，如果我沒有在人潮褪去的時候來內蒙古，沒有聽生長在這裡的人跟我說起內蒙古，那我對內蒙古的印象會一直停留在「天蒼蒼，野茫茫，風吹草低現牛羊」的階段，而忽略了這塊土地的其他美麗風景。

錯開人潮洶湧，讓自己更接近現場，接近第一手資源，接近真相，可以說明自己更好地認識世界的真相。

走大多數人走的路，還是走少數人走的路，這是個選擇。

避開人潮洶湧，走少有人走的路，看少有人看到的風景，採集少有人得到的資訊，這是秋季的呼倫貝爾大草原旅行教會我的。

下次有機會的時候，你不妨試走一下少有人走的路，看看自己有什麼不一樣的收穫。

PART 3
用天賦創造財富

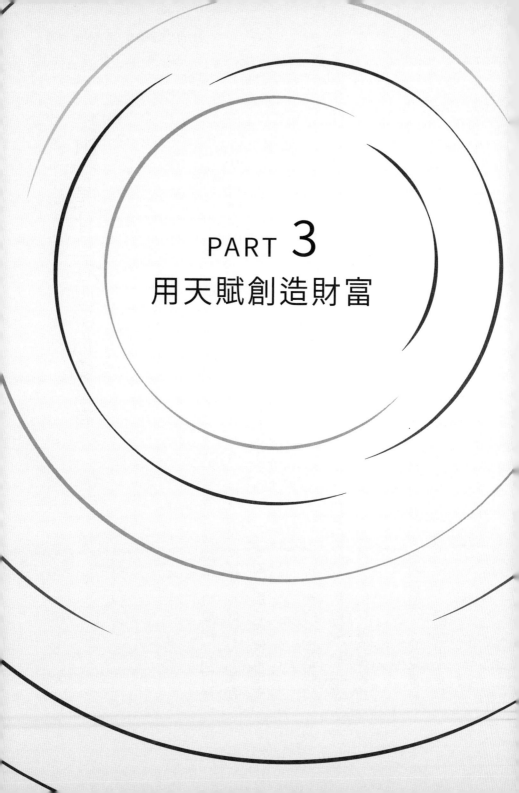

01 是什麼在阻礙你變富有

絕大多數人都有想變富有的夢想，不管是短影音還是社群文章，只要跟「如何變富有」相關的內容都會成為「流量密碼」。有的人覺得，想致富就要很努力，唯有付出才能換來回報，有些人卻不管怎麼努力都得不到自己想要的。那到底變富是需要苦幹，還是要相信一切所得皆有命運安排？我想先跟大家講兩個故事。

有一次，我剛結束一場分享會，就收到一位聽眾的回饋。那次分享的內容是關於如何找到自己的天賦和用天賦創造財富，這位聽眾說他在聽我分享的時候，腦海當中冒出了很多靈感和想法，可是下一秒就覺得不現實，太難實現，所以他的靈感和點子就都被扼殺在了頭腦當中。

我鼓勵他可以對自己自信一點、大膽一點，先去做再說，他回覆道：「我覺得自信是建立在能力之上的，能力不夠卻要告訴自己要自信、要去行動，這難道不是自欺欺人嗎？我還是等到能力足夠優秀的時候，再行動吧。」

我有一位學員——長春是一位六歲孩子的媽媽，他因為家庭經濟壓力很大，所以來找我諮詢如何找到自己擅長的事情來提升收入，緩解家庭經濟壓力。經過一番詳細的溝通，我快速地幫他整理好接下來他可以立刻開展的副業路線。我告訴他，如果按照我說的方式去堅持輸出，增加收入是完全沒有問題的，關鍵是「需要立刻、馬上去行動」。

當新的機會來臨時，大多數人都會問：「我行嗎？我可以嗎？」果然，在聽完我的建議之後，長春非常興奮，同時也有擔憂，他問我：「我行嗎？我可以嗎？」他說之前他也想行動，去改變自己，但是總覺得自己準備得不夠好。他從小就長得很漂亮，身邊人很常誇獎它，父母怕他驕傲就經常對他說：「你長得很普通，你還不夠好，你不要驕傲！」

父母的話，如同一道緊箍咒，每當身邊的人誇獎他時，他的本能反應是：「真的嗎？他們說的是真的嗎？我真的這麼好嗎？不會是真的吧，我還不夠好，不夠完美，所以我要準備得更好一點再行動。」於是這些年來，面對機會，他總是準備，遲遲沒有行動。

那天我告訴他，你已經夠好了，開始行動吧！在我的鼓勵下，他當天晚上就立刻按照我給他的建議行動了。一個人，當開始對自己說「YES」時，就意味著允許各種機會靠近自己。在那之後，我時不時聽到關於他的好消息。

他告訴我，他擅長解決情感問題，但是之前一直不敢分享，害怕自己不夠好、不夠優秀。現在因為告訴自己「我已經夠好了，開始行動吧」，他在各平臺持續分享情感方面的內容，有一天他欣喜地告訴我，有人願意付費找他諮詢！

後來有次他又向我報喜，他升職加薪了！公司要求他從前臺轉為公司主播，他本能地打算退縮和拒絕，但是他對自己說：「我很好！面對它！」便不再拒絕，而是「面對它」，接受了新機會、新挑戰。現在，他從公司的前臺成為公司主播，收入隨之上漲，事業成長空間大大增加！

我親眼看著我身邊發生這兩個故事，這兩個人在聽我分享的那一刻產生交集，之後又迅速分離：一個消失不見，一個越過越好、越來越富有，真讓人感慨。

我曾問過自己，為什麼同樣是分享，有些人聽了之後可以立刻行動，幾年時間就可以變得越來越富有，而有些人聽了之後也心動，但是遲遲沒有行動，而是停留在原地。是什麼原因阻礙了一個人變得富有？是因為能力嗎？或者是認知？還是機會？後來我在讀曾國藩的傳記時，我找到了問題的答案。

盛衰在氣象

曾國藩在讀了《了凡四訓》之後，發現一個重要的生命真相，他說**看一個人的命運是否能夠興旺發達，只需要看一點，那就是「盛衰在氣象」！**

氣象是什麼？氣象是一個人的信心和能量。當機會來臨時、當命運的轉捩點顯現時、當財富朝你湧來時，你能否有足夠的信心和能量向前一步，抓住這一切，順勢而為變得富有？還是面對機會，自我懷疑、向後退縮，告訴自己「等能力再強一點、自己更優秀一點」再做？

面對自己想要的一切有向前衝的勇氣，內心容不下任何自我懷疑或限制、匱乏不足的想法，這種氣象就是一個人變得富有的關鍵！氣象是「道」，「道生一，一生二，二生三，三生萬物」，興盛之象，能生萬物！

好多年前，我和閨蜜團聚會，那是一個年末的下午，我們相約在咖啡館，一起暢想即將到來的新年，並約定每個人都要寫下新一年的財富收入目標。我當時寫了一個數字——一百萬，這個數字對於那時囊中羞澀的我來說，簡直是個天文數字。

果不其然，當我向智囊團的姐妹們說出這個數字的時候，姐妹們都嚇傻了，覺得我是不是有些天方夜譚。他們瞭解我當時的現狀，清楚我的收入狀況——那時我的月收入只有三、四千人民幣，所以姐妹們看到我的財富目標數字之後，疑惑地問我：「你打算怎麼實現呢？」說實話，當時的我並不知道怎麼實現，讓一個月收入只有三、四千的人去告訴別人年入百萬的方法，聽起來根本就是天方夜譚，但是要實現這個夢想，我的內心充滿了篤定。

震驚之餘，其中一位姐妹告訴我，他很佩服我的信心！他說，他自己因為信心不足導致對未來的想像非常有限，看了我設定的財富數字之後，他把原本設定的新年財富收入目標換成了一個更大的數字。

而當年那個看起來天方夜譚的目標，在短短幾年之後，已經照進了我的現實生活。現在回頭看，這個財富目標之所以能實現就在於這幾個字：「盛衰在氣象！」雖然當年的我還沒能擁有一百萬的實相，但是內心已經有了一百萬的氣象，而氣象總能創造出生命的實相。

「盛衰在氣象」，那一個人興旺的氣象從哪裡來？

「利他」興氣象

日本著名企業家稻盛和夫用他的一輩子告訴我們興旺的氣象，從利他而來，因為求人氣短，助人為樂。如果你曾有過幫助別人的經歷，你一定能體會到幫助別人之後，整個人如同被充滿了電一般的愉悅。一次次的幫人、利他就是在替我們自己補給高能量，注入興旺的氣象。

稻盛和夫一輩子踐行「利他」，用「利他」創造了兩個世界五百強，然後又用「利他」拯救了一個世界五百強。

二〇一〇年，七十八歲的稻盛和夫擔任日本航空（現日本航空株式會社，以下簡稱日航）的會長（董事長）。在之前，日航已經嚴重虧損兩兆日元，持續虧損了十多年讓日航瀕臨破產、倒閉的地步。當時的日本首相鳩山由紀夫準備用三百億美金拯救日航，但是又擔心三百億美金一投進去，萬一沒有成功，不但沒了錢還救不活日航，賠了夫人又折兵。

在關鍵時刻，稻盛和夫臨危受命，到日航之後，面對百廢待興的局面，稻盛和夫做了一個很重要的舉動，將日航原本衰敗的氣象扭轉過來，由衰轉盛，這個舉動就是利他。

稻盛和夫在當時聚集了一千多位日航高階主管，在一個月的時間裡，學習利他的經營哲學。大家帶著利他的念頭投入到工作當中，一年之後，日航盈利一千八百億日元，第二年盈利兩千億日元，第三年繼續盈利，於是日航一下子從原本瀕臨破產的企業變成了全球航空業最好的企業，而這一切的祕訣就在於利他。利他將日航原本衰敗的氣象扭轉為興盛的氣象，從而扭虧為盈。

關於如何變得富有的祕密，眾說紛紜。市面上所有關於財富的書籍都會談及這一點：你能幫多少人，你就能獲得多少財富。如果說，幾年前那個月收入只有三、四千人民幣的我與現在的我有什麼區別的話，我想，應該是現在的我能夠幫助的人數與之前的我能夠幫助的人數是不可同日而語的。你能愛人，能幫人，就得人氣，而人氣旺，氣象就足。

一個人要變得富有，關鍵在心富。請記住，**阻礙一個人變得富有的原因從來都不是來自外界，而是自己，是你內心的小我、恐懼、不自信在阻礙了你變得富有！**

內在富足，才能外在富有！

02 找到你的天賦，用天賦創造財富

有一次我收到一位女性朋友傳給我的訊息，他告訴我，為了改善家庭的經濟條件，給孩子創造更好的環境，他一年報名了七十多門線上課程，希望可以透過自我學習來提升自己的收入。

報了這麼多門課之後，他經常這節課還沒學完，另外一邊的課程又開始了。每天下班回到家累到不想動彈的時候，他一想到還有好多課程沒有上完就非常焦慮，焦慮到他先生都看不下去了，勸他不要再把自己逼成這樣子，寧願他還是以前那個不那麼愛學習的妻子，至少那個時候他還是快樂的。

這位朋友問我：「我只是想提升自己的能力，然後提升收入改善經濟條件，我不這麼做的話，那又該怎麼辦呢？」

「寧願你還是以前那個不那麼愛學習的人，至少那個時候的你還是快樂的」這句話擊中了我的內心，我知道這樣的情況不只存在在這一個朋友身上，很多人身上同樣存在這種狀況。

用力學習、用力改變自己，當發現自己沒那麼開心，甚至變得很疲憊無力、迷茫無措的時候，一些朋友會來找我諮詢：「我該怎麼辦？」

這時候我會問他們的第一個問題是：「你的天賦是什麼？」絕大多數時候，他們給我的回覆大約跟幾年前的我一樣：「天賦？什麼是天賦？我難道也有天賦嗎？我不知道我的天賦是什麼？」

每個人身上都有與生俱來的天賦，你找到它就找到了自己的價值

在我三十二歲那一年，我第一次聽到「用天賦創造財富」這個說法。在我的印象中，「天賦」這個詞總是和天才連結在一起，專屬於天才，對普通人來說是求而不得的超能力。但是在那一年，我被告知**每個人身上都有與生俱來的天賦，你只要找到它，然後用它來幫助別人解決問題，就能創造價值，財富就會源源不斷地被創造出來。**

生活中，能夠提供人答案的地方和話語，通常都會展現特別迷人的光彩，讓人眼前一亮，過目不忘。「用天賦創造財富」這句話出現之後，我從未刻意記住，但也從未輕易遺忘。

在這之前，我腦海當中那些關於財富的理念都從原生家庭中帶出來的：「賺錢不容易，很辛苦」；「錢是越用越少的，所以要省著點花」；「喜歡的事情能當飯吃嗎」；「找份好工作，才有好收入」……這些看不見、摸不著的財富信念真的顯化成了我工作之後的經濟窘境——錢是越用越少，人是越忙越窮。

我陷入了「窮忙族」的困境，不斷反覆循環，每天都在想辦法把錢省下來，獲得收入的唯一管道就是薪水。為了提升薪水收入，我不得不放棄一切喜歡的事情，熬夜加班趕工作進度。曾有一年國慶日，我連續七天七夜在後端機房通宵達旦地剪片子，即便這樣，我依然處於入不敷出的狀態。那幾年，這樣的賺錢方法令我身心俱疲。

萬能的大熊在《格局逆襲》這本書中寫道：「如果你混了二、三十年都沒有什麼起色的話，**你可以假設自己之前相信的那套東西是錯誤的，然後你換一個對立的方向去相信，也許你的生活就能馬上改善了。**」

在過去的三十二年裡，我所抱持的財富價值觀讓我變成了一位連尿布都買不起的媽媽，於是我用一年的時間來踐行「用天賦創造財富」這一套完全不一樣的價值觀，如果也不行的話，那大不了我就再換回以前的觀念也沒問題，反正最差的狀況就是這樣了，再差也不會差到哪裡去。

帶著「用天賦創造財富」這句話，我走上了一條普通人探索自身天賦的旅程。我不斷問自己：「我的天賦是什麼？它在哪裡？」

一個人心心念念找尋答案時，答案也會找尋著他。

有一天，我在《發現我的天才：打開34個天賦的禮物》這本書裡，找到了答案。在書中，作者描述了天賦的三個特徵，只要根據這三個特徵按圖索驥，每個人都可以找到自己天賦。

天賦的三大特徵分別是：第一，自己內心一直渴望做的事情；第二，對別人而言很難學，但是對你而言一學就會，而且還能輕易做得比別人更好、更容易得到別人誇讚的事情；第三，做這件事情讓你感覺到愉快和忘我。

我一邊看天賦的三大特徵，一邊在腦海中不斷回憶和思考我身上的哪件事符合這些特徵——當眾演講是我從小到大不變的渴望。上學時，我渴望站在學校的國旗下對全校師生演講；高考面試時，我的即興回答幫助我獲得了藝術考試高分；工作時，我渴望站在更多人面前，對大家演講，而同事對我的評價是：「你不去當銷售真的可惜了」，「你天生就是靠這張嘴吃飯的」。

在這個世界上，當很多人將「當眾演講」的恐懼程度與死亡相提並論時，我卻在每次的演講中感覺到愉快和忘我。有一次受到一家書店的邀請，我舉辦了人生第一次付費分享會，那場演講長達三個小時。奇妙的是，整個演講過程中，我進入一種忘我的心流狀態，除了聽眾和我自己，一切彷彿都消失不見了。等到臺下掌聲響起，我才回過神來。

在回憶和思考中，過往的很多碎片逐漸串聯了起來，拼成了一張地圖。在這張地圖上，所有的資訊都無比堅定地指向了同一件事情——演講！在那一刻，我撥開雲霧見明月，一切都豁然開朗，原來我從小就心心念念想要做的事情，就是我的天賦，於是我就把更多時間投入在演講上。

在過去四年裡，算上線上、線下，我一共進行了四百多場分享。四年的時間，四百多場分享，對一個普通人來說並不是一件容易的事情。身邊有朋友心疼地勸我不要那麼拚，不要把自己弄得那麼辛苦，可是我知道，**當一個人在踐行自己天賦的時候，是根本不會感到疲憊和辛苦的**，因為天賦點燃了一個人全身的內在驅動力，如同點燃了小馬達，讓人勇往直前地開天闢地。這種滋味用「生命的狂喜」一詞來形容，一點也不為過。

當你做的事情不僅可以滋養自己，還能幫助別人時，你的商業價值就出現了。四年裡，我那四百多場演講啟發了很多跟我有著相似經歷的人，幫助他們走出了人生的各種困境。總之那幾年時間，我逐漸扭轉了入不敷出的經濟窘境，真的做到了用天賦創造財富。

在這四年裡，只要有機會，我就不斷分享「用天賦創造財富」的理念與故事，希望可以幫助到更多人，讓他們像幾年前的我一樣，脫離經濟困境。

我在某一次公開演講的交流群組裡，認識了一位再婚的二寶媽青兒。那時候的他剛結束第二段婚姻關係，前夫背著他賭博，刷爆了他的信用卡，讓他背了一百多萬人民幣的債務。失望之下，他獨自帶著兩個孩子離開前夫，為了節省房租，他回到了他出生的那座小縣城。

那時的他，不但身無分文，還背負著巨大債務，每天都被各種電話催著還錢。沒錢對一個有著兩個孩子的單親媽媽來說，是天大的難題。青兒形容那個階段的自己就如同一隻無頭蒼蠅一般四處亂撞，到處打聽如何賺快錢、賺大錢。為了快速賺到錢照顧孩子，每天各種亂七八糟的想法都在他一片混亂的大腦中輪番上演。

機緣巧合之下，青兒聽了我的演講，聽到了我說「每個人都有自己的天賦」，「每個人都可以用自己的天賦創造財富」，聽到了天賦的三個特徵。聽完我的分享之後，他在交流群組裡興奮地告訴大家：「我找到自己的天賦了！」

對照天賦的三大特徵，他說攝影就是他的天賦。很早之前，他就一直很喜歡用手機隨手拍下自己覺得很美的畫面，雖然沒有學過專業的拍照技巧，依然能獲得很多人的喜歡和誇獎。這件在我們大多數人的眼裡顯得很難、很專業的事情，在青兒眼裡卻輕而易舉就可以做到，而且攝影這件事情能讓他感到開心愉快。

當時我建議他可以用他擅長的這個技能去幫助那些有攝影需求的人，一方面可以做自己擅長和喜歡的事情，緩解他的焦慮、壓力，穩定心智，另一方面可以用天賦創造財富，緩解財務狀況。

青兒在聽完我給予他的建議之後，馬上就勇敢行動了。早上剛聽完我的分享，找到了自己的天賦，下午他就已經做好課程招生海報，發布訊息開始招生了。第一次開課，有二十多人找他報名學習手機拍照，他也因此獲得了三千多人民幣的收入。

他說，他終於穩住自己了，找到了自己的天賦，就可以找到創造一切的力量。就這樣，青兒放棄了腦海中那些亂七八糟的想法，把所有時間放在自己的天賦上，慢慢磨練，一步步地穩穩向前。

一年之後，青兒跟我報喜，他開設的手機攝影課程已經開辦了十期，一共有五百多名學員，課程所得的費用幫助他大大緩解了財務壓力。天賦，幫助他吸引了四個國內攝影平臺的合作邀請；天賦，使他獲得了一份全新的工作，從小縣城搬去了蘇州，後來又獲得更好的工作機會，被邀請去了上海，擔任大攝影師的助理，幫明星和一些品牌拍照，開始了全新的工作和生活。

天賦，是隱藏在每個人體內的財富寶藏：向內，它幫助每個人確認自我價值，專心做自己；向外，它幫助每個人交付自我價值，創造財富。找到了它，每個人就找到了自己的定海神針，穩穩地做自己，活得輕鬆富足而快樂。

03 富裕是屬於口袋裡裝滿快樂的人

某汽車品牌舉辦線下分享會，邀請我去分享關於財富的話題。現場，很多家長帶著孩子過來參加活動，我問：「你會用什麼詞語來形容『賺錢』這件事情呀？」孩子們爭相舉手互動，一位很可愛的小女孩舉手回答：「賺錢很辛苦。」我聽到這個回答後，立刻問孩子的媽媽：「你也是這樣認為的嗎？平時賺錢很辛苦？」媽媽點頭表示肯定後，有點驚訝地反問道：「您是怎麼知道的啊！」我告訴他，**一個人相信什麼，就會得到什麼**，而他的想法和信念已經深深植入了孩子的心裡。

曾經，我也有過類似的想法和認知。

我與財富的關係，可以說分為了兩個不同的階段。第一階段，就跟那位媽媽和孩子一樣，從小被灌輸了很多「賺錢不容易」的理念。因為這些信念深植於心，變成了那幾年我的外在實相——沒日沒夜地加班熬夜，把自己變成了「窮忙族」。

那幾年我好不容易把辛苦賺來的錢存起來，總會被突如其來的事情花掉。有一次，我好不容易存了五萬人民幣，結果因為家裡突發有事，正好需要五萬元，於是這五萬元還沒捂熱，就絲毫不剩地掏出去應對那些「不時之需」的事情了。

這樣類似的事情，那幾年在我身上不斷重複上演，形成了「辛苦賺錢－存錢－被突如其來的事情花掉」的固定模式，所以我曾經特別害怕自己有錢，因為一旦有了積蓄，就好像要面臨很多意外、很多煎熬。

後來我發現，**當一個人陷入痛苦的循環時，就需要我們勇敢地打破。一個人活在不想要的生活裡，就一定要有智慧去找方法**。金錢是一種物質也是一種幻象，是你內心很多想法聚焦後換來的一種回報。如果你對它心懷恐懼，那麼它將感應你的恐懼，並且不會來到你身邊。你想要變富裕，就一定要先修整自己的觀念，打破自己內心的恐懼與貧瘠。

讓自己富裕，不是馬上讓自己變有錢，而是要有「富裕」的狀態和信念。你相信你自己，你便能成為你自己。一個滿腹抱怨和一個每天開心的人，哪個更容易抓住機會？我相信會是後者。一個總是很吃力地被動接受，一個總是很容易放鬆並主動獲取的人，哪個更容易接近財富？我相信也是後者。

我們總誤以為只有辛苦才能換來財富，只有「命好」才能一輩子衣食無憂，所以每一次向上攀爬的過程，我們都會不自覺地放棄很多生活的美好，比如犧牲好的睡眠，讓自己過得疲憊不堪、筋疲力盡。其實，真正富裕的人，往往都是內心裡盛滿快樂的人，只有滿懷喜悅，人才能實現真正的富裕。

蔡志忠是一個著名的漫畫家，很多人都知道他的作品，卻很少有人知道他三十六歲就實現了財富自由。為什麼他年紀輕輕就獲得了這麼多的財富？在某一次的採訪中，他說出了答案：「**全世界最賺錢的行業，就是玩。**」

蔡志忠說，職業拳擊手麥克・泰森打一場比賽賺一千八百萬人民幣，每出一拳就是二十八萬。高爾夫選手老虎・伍茲打高爾夫就是玩，籃球選手麥可・喬丹打籃球也是在玩，今天全世界薪水最高的足球運動員都是在玩，就連蔡志忠他自己也是在玩。

一個人只要找到最喜歡、最拿手的事情，把它做到極致，無論做什麼，都會成功的。所以，想要變富裕，我們就一定要付出更多的努力、花費更多的時間、忍常人所不能嗎？不是的，是我們要找到自己的快樂，並學會用快樂吸納財富。

你要問自己：做什麼我會快樂！

我賺錢的第二階段，就是找到讓自己快樂的事。這件事說起來簡單，但是做起來很難，因為成年人已經習慣了凡事權衡利弊，做事講究大小得失。一件事，有用就去做，無用就不做，可是要讓自己快樂，講究的恰恰不是「是否有用」，而是那些「無用」——讓人隨心而動、自在安然的事情。那我們具體應該怎麼做呢？

一、對生命說YES，多去嘗試

如果你不知道你自己要什麼，那就都去嘗試一下。在嘗試的過程中，你總會找到讓自己怦然心動的時刻。我當時也是禁錮了自己太久，所以很難一下子找到讓自己快樂的事情，但是我願意去嘗試，比如閱讀、寫書、瑜伽、旅行、看展覽、認識不同領域優秀的陌生人……我統統都會對自己說：「YES！YES！YES！」

我「任性」地去玩，做了想做的事情、去了想去的地方、見了想見的人，如果你要問我感覺怎麼樣，兩個字——快樂！太快樂了！整個人的能量都是處於敞開、流動的狀態，所以，**要找到自己的快樂，首先自己應該是敞開的，讓自己處在始終吸**

納能量的狀態，然後對自己說「YES」。

當你對自己說一個又一個的「YES」時，其實是你內心渴望被看見、被聽見、被滿足，你的心就好像含苞待放的花朵，在輕鬆愉悅中綻放。

心開了，人自然就快樂了。

二、允許自己成為真正的自己

當一個人處於真正的快樂之中時，他會體驗到「快樂」背後的深意——允許自己成為真正的自己！一個成年人能夠讓自己快樂，意味著他瞭解自己、熟悉自己，知道自己喜歡什麼、熱愛什麼，他是跟自己的內在力量緊緊連接在一起的。

瞭解自己是一個很難的過程，因為生命裡有太多嘈雜的聲音，有很多奇妙的幻象，讓我們看不到、聽不到真實的自己。比如，我曾以為自己是一個在事業上風風火火的女強人，可是當我真正過濾掉生活的雜音，我才發現真實的自己更喜歡人間煙火味。我曾以為自己應該要更用力、更進步，日進斗金，可是我發現真實的自己更喜歡在安靜鬆弛中，順應著天地節奏自然生活。我曾以為自己應該言出必行、殺伐果斷、說到做到，可是我發現真實的自己更喜歡鬆弛自在，以內心為導航，抓住轉瞬即逝的靈感立即行動，讓生命在未知之中緩緩展開更宏偉的藍圖。**當我們真正讀懂自己，觸碰到內心真正的渴望時，我們才能真正感受到生活的愜意，找到自在與安然。**

日本作家松浦彌太郎說，商品的銷量與因它而感到開心的人的數量成正比，同理，一個人的收入也和他能打動人的數量成正比，所以要想獲得更高的收入，就要考慮如何讓更多人開心、快樂。

當我變得越來越開心、快樂的時候，我發現喜歡我的粉絲也越來越多。粉絲中有未婚單身的女孩，他們說很喜歡聽我講述婚後如何開心幸福的生活，這讓他們對婚後生活有了更多的嚮往。已婚女姓們很喜歡聽我講述如何做喜歡的事情並獲得全家人支持的心得，這讓他們在自我成長方面有了更多的借鑑；全職媽媽們說很喜歡聽我講述婚後如何快樂做自己的心路歷程，這讓他們對自己的未來有更多的信心；創業人士們說很喜歡聽我講述如何把自己變成具有商業價值的個人IP經驗，這讓他們對粉絲經濟有了更多的瞭解。

在這個過程中，我對「一個人如何創造更多財富」這個話題，有了更深的理解。當下，人們更願意把錢花在能夠解決自己正在面對的煩惱，消除自己當下的不安、不愉快，解決令自己困惑的人事物上。更簡單、直白地說，人們更願意把錢花在那些能夠讓自己感覺快樂的人事物上。**一個人能夠讓自己變得快樂，這是自我滋養，**而當一個人的快樂能夠讓別人快樂時，商業價值就出現了。

就在我快樂地做自己時，突然有一天，我收到了娜姐的訊息。幾年前，我跟娜姐有過一面之緣，在那次見面中我知道娜姐是頂尖的圖書策劃人，曾策劃出版過百萬暢銷書，很多知名作家都曾邀請他做新書策劃。

從有寫書的念頭開始，我就希望娜姐能夠幫我出書，所以當我看到娜姐傳來的訊息時，即使那時候的我，正坐在辦公室跟滿滿一屋子的同事開會，但是我完全抑制不住內心的激動，大聲尖叫起來！

娜姐問我：「你今年有時間嗎？想邀請你出書。」天啦！夢想以不可思議的方式實現了！我問娜姐，為什麼是我。他說，因為現在的社會太過於焦慮，很多人都活得很壓抑、不快樂，所以他想做一本書，提供大家另一種生活態度，傳遞一種新觀念——**快樂工作，富足生活**。他在身邊找了一圈後，發現我就是那個最佳人選，所以他希望我可以寫書，讓更多人看到另一種生活方式。

一個人要獲得更多的財富、機會原來可以這麼簡單，簡單到你只需要跟隨你的內心，去體驗那些讓你感覺快樂的事情，財富、機會、資源就會隨你而來！

04 錢要怎麼花才夠爽

你有沒有抵不住內心的渴望，自己花錢買來喜愛之物，卻被旁人潑冷水，說你不該花這麼多錢買這些東西，純屬浪費的情況？這些話是否讓原本滿心歡喜的你，心生懊悔或委屈？又或者，你有沒有內心極度渴望想要擁有的某樣東西，只要想到它，你就止不住地怦然心動、心生歡喜？可是一想到價格，你的頭腦會止不住地問自己：「我是不是不該花這麼多錢去買這麼貴重的東西？我是不是不配擁有它？」這些糾結最終會讓你與極度喜愛的東西失之交臂，也在內心留下了永久的遺憾。

以前，我是一個不怎麼會花錢的人，也是一個不敢花錢的人。我出生在一個小縣城，家境一般。上小學的時候，有一次班級舉辦春遊活動，需要交報名費。對孩子而言，能夠在枯燥的學業中，和同學們一起出去玩是一件多麼值得期待的事情。那天放學回到家，我就興沖沖地找父親，向他要錢交報名費，父親卻告訴我，春遊要去的地方，我們曾經去過，非常沒意思，完全沒必要去。作為補償，他可以買一包好吃的零食給我。父親還說：「畢竟錢要省一點花。花掉一點，就少一點。」父親的那番話，讓我決定放棄班級的那次春遊。

不知道為什麼，小學時發生的事情，直到現在回想起來，我都會記憶猶新，彷彿昨天發生一般。後來我才知道，那些讓你印象深刻的畫面和對話，會像種子一樣植根在你的潛意識中，形影不離地跟隨著你、影響著你。

我想，大概就是從那個時候開始，我養成了省著花錢的習慣。因為擔心錢越花越少，在那些年裡，我總是設法省錢，甚至不花錢。比如，我習慣性地去買最便宜的衣物、吃最便宜的飯菜，住最便宜的飯店……即使遇到自己非常渴慕的東西，只要價格超過我的預期，我都會忍痛割愛，退而求其次，選擇更便宜的替代品。

這樣的做法的確替我省下了不少錢，但是漸漸地，我發現自己變了——遇到事情的第一反應是「這個要花多少錢？花了這些錢，我還剩多少錢？」如果花的錢不多，就考慮去做；如果錢花很多，那就不做。更嚴重的是，因為習慣了少花錢、花小錢，我變成了不敢花錢的人，自動遠離那些看起來就很高檔的人事物以及場合，把自己圈定在狹小的自我天地中，不敢也覺得不配去跟更廣大的世界交流。

花錢是賺錢的捷徑

那幾年，我把自己越活越「小」，把自己活成了一個「不配擁有美好」的人，習慣了退而求其次，習慣遇到令自己怦然心動的美好事物內心會惴惴不安。

我真的值得擁有嗎？

從小到大，我都有一個夢想——環遊世界。有一年國慶日，我一位好朋友邀請我一起去歐洲旅遊，參觀各大藝術館。看到他的邀請，我的內心狂跳不止，年少的夢啊，終於要實現了。可是一看到旅行團的價格，我瞬間就沒了精神——為期半個月的食宿、開銷及往返機票等，總費用加起來要近五萬人民幣。當時我的第一反應就是不去，可是我轉念一想，如果不去，估計以後這輩子都不會再有勇氣去實現這個年少的夢了，所以幾經考慮，我還是選擇了報名。

身邊的家人、朋友知道了這個消息，驚訝得眼珠都要從眼眶裡掉出來：「你是瘋了嗎？花那麼多錢！你知道這些錢夠做多少事情嗎？」甚至有閨蜜問我是不是被洗腦了。其實交完錢之後，我也後悔、猶豫、糾結了，但是這些後悔、猶豫、糾結在踏上歐洲藝術遊學之旅的第一步之後，就完全煙消雲散了。因為，那些昂貴的費用替我打開了一個完全不一樣的世界。

三位業內最頂尖的藝術專家隨團，從不同角度為我們講解眼前所看到的藝術盛宴。我們每次入住的都是極具美學價值的豪華飯店，其中我們入住有了幾百年歷史的古城堡飯店，去真正的三星級米其林餐廳品嘗美食，去被譽為「世界最美的圖書館」之一的聖勞倫斯．埃爾．埃斯科里亞爾修道院圖書館裡感受知識的力量，去蘇菲亞王后國家藝術中心親眼欣賞畢卡索的〈格爾尼卡〉，去世界上最大的超現實主義繪畫博物館看達利的瘋狂畫作，去看安東尼．高第留給這個世界的最後一件偉大作品——聖家堂。在那次昂貴的旅行中，我的每一天都被美好包圍著，在一次次美好的體驗之中，我一次次在內心按下確認鍵——我值得擁有美好的東西！

除此之外，我還在旅行團中認識了很多新朋友，每次跟他們聊天，都讓我大開眼界。其中一位姐姐很喜歡旅行，年紀輕輕就已經走過了六十多個國家，而且每次旅行都是參加高檔的私人客製化團，他說：「我的出發，不是為了省錢，而是為了體驗美好。」我當時想，這姐姐真的是不在乎錢啊，這得有多雄厚的家底才能這樣玩啊！他彷彿聽到了我的心聲，說：「很多人以為要賺很多的錢才能這樣花錢，但是對我來說，正好相反。**越花錢、越賺錢，花錢是賺錢的捷徑！**」

「越花錢，越賺錢」這句話澈底顛覆了我「錢越花越少」的觀點。遊歷過全世界六十多個國家的他把錢花在投資自己上，去看世界上最頂尖的藝術展，參觀世界風格各異的建築，吸收世界各地不同的美學，體驗不同國家的風土人情，經歷結識不同領域優秀、有趣的朋友，建立獨家的優質資訊來源管道、互通有無。他不是用這些豐富的經歷在社群打卡炫耀，而是不斷擴充視野和格局；他所花的每一筆錢都是投資自己的體驗，在體驗中保持覺知，時刻在觀察和學習，將體驗中學到的一切都拿來為自己所用，幫助他提升做正確決策的機率，從而「越花錢、越賺錢」。

之前的我，滿心想著如何省錢和存錢，以為這樣就能變得有錢，但是與這位姐姐相處的那段遊學時間，我如同被打通了督任二脈，對「如何花錢」這一門父母沒教、學校沒學、生命中很重要的功課，豁然開朗。

一個人想盡方法去想如何省錢和存錢，儘管能夠幫助自己積累一些有形財富，但是相比於自己所得到的，也許會錯過更多。當我們透過花錢不斷打開這個世界的大門，豐富我們的人生體驗時，這個世界也會朝我們打開更多扇大門。那些為增加自己的見識、提升自己的格局而花出去的錢，如同一股強大的能量，讓我們擁有了平視這個世界的配得感！

仁者以財養身

那次遊學結束之後，我把學到的遊學帶團經驗應用到自己身上，舉辦了一次親子高檔客製化戶外遊學，帶領了近三十組家庭從全國各地飛往呼倫貝爾大草原，一位很想參加的團員直到報名截止時間的前一刻，才下定決心付費參加。後來他告訴我，之所以一直猶豫不決，一方面是因為旅行團費比較高，他在旅行上第一次如此大手筆地花錢，另一方面是他不敢坐飛機。

我以為他是因為以往搭乘飛機時的經歷導致他不敢坐飛機，結果他告訴我，他之前並沒有坐過飛機，是因為坐飛機出行需要花更多錢，而且他以前聽別人說，飛機在起飛和降落的時候，一般會有比較強烈的顛簸，而遇到不好的天氣時，飛機顛簸得會更加嚴重。平時會暈車的他，很擔心自己會暈機，當他那次不得不搭乘飛機飛往內蒙古的時候，他才發現自己的擔心完全是多餘的。

他開心地告訴我：「當飛機離開地面的那一刻，我非常清楚地感覺到，飛機帶著我飛向了藍天。看著眼前纖塵不染的天空，如此純淨，一朵朵白雲飄過，我人生第一次體驗到，置身雲端的感覺竟然如此美好！而整個飛行中，自己都處於一種很享受的狀態。」

那一次搭乘飛機的經歷讓他明白，那些從別人嘴裡聽來關於這個世界的免費經驗，無論聽得再多，都不如自己親自去經歷、去體驗，否則永遠都會活在別人口中的世界，是無法看到真實的美好的。

人生在世，有些事情是必須要去做的，有些書是必須要讀的，有些美味是必須要品嘗的，有些風景是必須要去欣賞的，有些人是必須要去見的，因而有些錢是必須要去花的。

「仁者以財養身」，那些為了得到更多的體驗和自我成長所花掉的錢，終將會替你打開這個世界的一扇扇門，不要只坐在自己的狹小世界中，以為世界只有這般大；**那些為了實現你的夢想而花掉的錢會把你送向更遠的地方，會把那些你曾經夢想見到的人和嚮往的風景，帶到你的生命中。**

歲月無聲，那個一直告訴我「錢要省點花」的父親，不知不覺已經七十歲了。為了迎接他的七十歲大壽，我精心為他籌備壽宴。在選擇壽宴場地時，我的父親在老家的兩家飯店中猶豫不決，拿不定主意。

他看中了一家新開的五星級飯店，場地豪華，裝修大氣、有質感，唯一的缺點就是價格較高。另一家老飯店場地陳舊，裝修老式，但是價格要便宜很多。他想來想去，最後告訴我這次選擇那家老飯店，一方面可以省很多錢，只要他平時保持健康，到八十歲的時候再去那家五星級豪華飯店辦壽宴就好。

那一刻，彷彿時光倒流，那個「為了省下報名費讓我不要去春遊」的畫面再次浮現在我眼前。我堅定地告訴我的父親，在人生這麼值得慶祝的時刻，我們不要為了省錢而留有遺憾，他喜歡那個五星級飯店，我們就定在那個飯店。多花掉的錢，我努力還有機會賺回來，但是錯過父親人生這麼關鍵時刻，我再怎麼努力也賺不回來了。就如同小學那次的春遊，即使我現在有能力繳費報名，卻再也回不去了。

我的這番話，終於幫助父親下定了決心，我們最終選擇了那家他心儀已久的五星級飯店。看得出來，我的父親對於這個決定是非常開心的。他後來要我幫他買一件在生日宴上穿的唐裝，他說既然選擇了那麼氣派的場地，那自己也要打扮得更氣派一點，盛裝出席。聽到父親這番話時，我的內心非常開心。

你看，那些為了滋養生命花出去的錢，它並不是「越花越少」，它變成了一個人的心氣——讓人開心，心氣更足！

它變成了一個人的盼頭，喚起人對未來的希望，生生不息。

它變成了一個人內心豐盛的配得感，讓人允許自己擁有最美好的一切！

05 別人問你的問題是一座金礦

平時，你經常會遇到身邊的人向你問問題嗎？遇到這種情況時，一般你會怎麼面對呢？是覺得自己被打擾到，很不開心？還是非常熱心地回覆別人的問題，然後繼續去做自己的事情呢？如果你的回答是這兩個答案中的一個，那下次遇到別人再問你問題時，你可以試試第三個選擇。

留意那些別人經常問你的問題是什麼

有一次我受邀在線上直播，被主持人問到，在看過的那麼多本書中，有沒有對自己影響特別大的觀點。我想了一想，分享了自己在看日本作家松浦彌太郎《嶄新的理所當然》的一個觀點：「別人問你的問題裡，隱藏著你的個人商機。」

我以前是一個很怕麻煩的人，如果有人問我問題，我會覺得這是個麻煩，很抗拒和排斥，能躲就盡量躲開。在松浦彌太郎的這本書中，我看到了作者對此完全不一樣的觀點，他在書中寫道：**「多去留意那些別人經常麻煩你的事情或者經常問你的問題，你的商機隱藏在這些問題的後面。」**

為什麼？別人之所以找你來諮詢某個問題，是因為在他們看來，你在這方面做得比別人更好，值得信任。這段話給了我啟發：那些在我看來會帶來麻煩的問題，卻蘊含著無窮的商業價值。當我換個角度重新看待那些「經常被別人問到的問題」時，問題就變成了商機。

我發現我被問到最多的問題是：「你是怎麼做到一天看完一本書的？」於是，我開啟了第一次的付費分享——如何有效率地看完一本書，那是我人生的第一次收費分享。

「我沒時間看你推薦的那些好書，怎麼辦？」於是我創辦了讀書會，帶領大家一起看書、閱讀；「你平時是怎麼養生的？」於是我開了一個氣血養生課程；「你的穿搭越來越好看了，你是怎麼做到的呀？」於是我就開了一個穿搭形象課程；「為什麼我每次出去旅行就是上車睡覺、下車拍照，可是看你每次旅行，不但有趣還有好多收穫，你是怎麼旅行的呀？」於是，我又開了一個呼倫貝爾親子遊學營，擔任帶團導師，帶大家去呼倫貝爾大草原上旅行遊學。

除此之外，我還被經常問到的問題有：

「你的表達力好棒，請問我該如何提升表達力？」

「你平時是怎麼寫作的呢？我想提升自己的寫作力。」

「你是怎麼經營婚姻關係的呢？」

「你是怎麼教育孩子的呢？」

每個問題都帶來一個商機，每一個商機意味著一種新的可能性。就這樣，我原本普通得不能再普通的寶媽生活，隨著別人問我一個又一個的問題，慢慢生出了各種不在計畫之內的新可能。

有一天，有一個學員來跟我報喜。他是一個全職媽媽，偶爾也會跟廣州當地的一些公益團體去做公益活動。那一次，某校舉辦「未成年性教育」公益講座，他受邀作為主講人替孩子們普及相關知識。後來他把那次講座的內容分享到社群，結果好些朋友看到後，都問了他同一個問題，那就是：「應該怎麼樣教孩子性教育？」

看到大家留言時，他的腦海中浮現出我經常分享給大家的那句話：「你的商機隱藏在別人問你的問題當中。」大家的問題給了他啟發，於是他就有了辦「性教育陪伴營」的想法。他傳訊息跟我報喜的那一天正好是他第一期「性教育陪伴營」順利結營的日子，他自己收到了很多家長的好評。他說，我的那句話不但幫他發現了個人商機，也替他帶來了更多的個人價值感，令他明白自我存在的意義。

除了這位學員透過別人問自己的問題挖掘了個人商機之外，還有其他夥伴也用了這個超級簡單、好用的方法找到了自己的商機。倩倩因為性格溫潤有親和力，身邊朋友遇到什麼煩心事就喜歡找他來開解，大家習慣問他：「你怎麼這麼會聊天？每次跟你聊完天之後，心裡的那些煩心事就不再煩心了。」於是他給自己一個新的身分──「聊癒師」，提供一對一的聊天溝通諮詢服務，開導身邊的朋友。

還有一個夥伴叫盛夏果果媽，利用閒暇時間在社區開了一家家庭式繪本館，在經營的過程中很多寶媽向他諮詢「寶媽要怎麼經營一家自己的繪本館」，「媽媽怎麼舉辦一場親子線下活動」等問題。知道問題就是商機的他，後續開設了寶媽線上社群、相關課程、個人諮詢，分享開館經驗及創業心得，收入管道增多，人生也更自由了。

回想一下，平時你被問到的最多問題是什麼？你經常被拜託的事情又是什麼？找找看，你的商機就隱藏在別人經常問你的問題背後。

多輸出，給別人問你問題的機會

有一次，我有一位學員向我訴說自己的苦惱。他原本畢業於名校，高學歷、高收入，工作成績出色。他以為自己辭職之後，憑藉著自己的能力和累積的客戶能夠順利轉型，但是沒想到，辭職轉行之後，半年多都沒有任何人來找他做形象設計，因此他很長一段時間處於沒客戶、沒收入、吃老本的狀態。沒收入令他焦慮，沒客戶令他迷茫：「我花很長的時間和學費學習這個專業能力，能力肯定沒有問題，但是就是沒有人找我幫他們做形象設計。」

我問他：「你可以先從那些認識你、熟悉你的老客戶入手，先為他們服務，這樣可能會更容易一點。」他搖搖頭說：「我嘗試過，但是都被拒絕了。」相比被陌生人拒絕，朋友與同事間的拒絕來得更讓人懷疑自己。

他問我：「這是為什麼呀？我該怎麼辦呀！」我翻看了一下他的社群，找到了答案：在他的社群裡，沒有任何訊息展示出他曾經花了大量的時間、大量的金錢跟隨國內這個領域中的頂尖老師學習，別人不知道他具有這方面的能力，別人不相信他具有這方面的能力。

這位學員之前一直都是在金融領域裡工作，他身邊的朋友對他的認知就是平日裡穿正裝、凡事追求效率的金融女強人。如果在金融方面有所需求，身邊的朋友一定會第一時間想到他，並向他求助，因為這是他花了十多年時間在朋友心中累積的印象和信任。

每個人的個人商機不是刻意而為之，它是一個水到渠成、自然發生的結果。它跟我們每天大部分時間堅持做的事情息息相關，因為你總在堅持做這些事情，在時間的長河中累積了做這些事情的經驗和教訓，別人會看在眼裡、記在心裡。如果有一天，大家在某件事上遇到難題，那他們第一個想到可以提供自己幫助的人，往往就會是那個在他們所接觸到、最常做這件事的人。

因此我給這位學員的建議是：在你潛在客戶最多的地方，堅持每天輸出與你從事的事情相關的有用資訊，展示給別人看，告訴別人你在做什麼，能幫助別人解決什麼問題。

四、五年前，我每看完一本書，就在社群分享這本書帶給我的感悟和收穫，以及推薦讀過的好書。不知不覺，這個習慣就持續到了現在，所以我的朋友們只要一遇到跟書或者閱讀方面的問題都會來問我，後來我又把自己分享的內容從社群擴展到各大網路平臺，堅持每天發文分享閱讀帶給自己的成長以及好書推薦。

直到現在，每天都有從不同平臺來的陌生朋友想要讓我推薦書籍給他們，希望用閱讀的力量幫助他們成長。於是，在書和我之間，大家產生了一個強烈關聯——想讀書，找UP子木。

這位學員聽了我的話之後，有所領悟。我記得我和他見面是在北京一家老火鍋店，火鍋店裡人來人往，火鍋裡面的老北京涮肉咕嚕咕嚕地冒著香氣。我們兩個吃完火鍋走出店門的時候，他開心地對我笑了笑，在北京冬天陽光的照耀下，他的笑容顯得格外的燦爛。

他回去之後踐行了這個方法，持續在社群分享與個人形象設計相關的內容。這樣持續分享了一個多月之後，終於開始有人陸陸續續地問他問題了：「什麼樣的服裝會比較適合我？」有更多人來向他諮詢，然後他開課、做個案、舉辦分享會等，不亦樂乎。

有人要主持活動，會來找他諮詢穿什麼樣的服裝比較合適；有人要面試也會來問他；有人要約會，也會問他穿什麼服裝會比較得體。就連那些曾經婉拒他的老朋友和老用戶現在見他每天樂滋滋地分享個人形象穿搭，也回頭來諮詢他穿搭問題。現在的他，靠著別人問他的問題，不斷推出新的服務產品，積極滿足別人的需求。

在傳統猶太文化中，猶太人認為致富只有一種方式，就是勤奮地滿足別人的需求。**多輸出，讓別人看見你正在做的事情，這樣別人才會知道可以向你提出什麼樣的問題**。給別人一個問你問題的機會，你也就給自己創造了一個滿足別人需求的機會。

06 演講和寫作的技能都是「活」出來的

由於這幾年經常演講和內容分享，我經常會被很多人問道：「UP子木，你可不可以告訴我們，你演講和寫作的方法？能不能教教我們？」也經常有人讓我推薦一些教演講力和寫作力的書籍，他們希望可以讓自己的輸出力更好。

遇到這樣的問題，我總是給出相同的回答：**真正動人心魄的演講和文章從來都不是「教」出來的，是「活」出來的。**

演講和寫作，都是記錄生命流程的鮮活表達

我應該算是在自媒體時代透過持續分享而改變自己命運的幸運兒。我從小對演講就有很深的喜愛，國中時代，我訂閱了《演講與口才》這本雜誌，每月必翻。那時

我最喜歡看的電視節目是馬東主持的《挑戰主持人》，我喜歡看選手在舞臺上唇槍舌劍，這個節目甚至深刻影響了我高考的志願，讓我一心只想當一位主持人。

可以說，在我的學生時代，我透過閱讀或觀看和演講類相關的節目，瞭解了很多演講的技巧，或者是所謂的「套路」。這些方法和技巧幫助我完成了在學校國旗下的演講或者在班級上的發言，但是也僅限於此。最近這幾年開始，演講在我生命中才發揮了重要的作用。

我開始做線上分享時，聽眾最多的一次是將近五十個微信群、近三萬人同步線上收聽。那段時間，我沒有再去翻看過關於演講的書籍，也沒再去上任何的演講課程，沒有嫻熟的演講技巧和方法，每次都是即興分享，但是大家每次給我的回饋都超過我的想像，毫不誇張地說，透過演講，我無形中影響、改變了很多人。

我回頭去看，幾年前我的演講之所以觸動了很多人，並且能帶動很多人改變、提升自己，是因為我的演講中有很多我自己的故事，是那些不肯向命運低頭、那些衝出生命低谷，如電影《刺激1995》角色獲得救贖般自由的故事。這些是我的經歷和故事，是別人像一張空白紙一般，一看就看到底的青蔥少年時代所沒有的。「給人力量，給人希望，給人啟迪」，這些恰恰才是演講和寫作中最打動人的部分、最動人心魄的原因。

這就是我一直對演講和寫作所持的觀點：攝人心魄的演講和寫作是無法「教」出來的，而是「活」出來的。**當我們的生命活得足夠精彩的時候，演講和寫作只是我們表達自我、讓生命流經的一種管道而已。**

沒丟魂，就是好的演講文章

曾經有人問過作家李欣頻：「應該讓孩子學什麼樂器呢？」李欣頻的回答是：「學哪種樂器不是重點，重要的是讓孩子有表達的欲望。」在樂器還沒被發明前，人類因為內心的開心喜悅或憂傷哀痛想要找一個出口表達，於是那時的人可能隨手摘下一片樹葉放在嘴邊當作樂器吹了起來，也可能隨手撿起幾塊石頭敲打聲響，後來就逐漸形成了音樂。樂器從來不是音樂的重點，音樂的重點是生命體有沒有表達的熱愛和渴望。

節目主持人馬東問音樂才子吳青峰：「你平時都是怎麼創作的？」吳青峰說：「我寫歌真的都是隨口哼的。我不會用樂器寫歌，因為我不會樂器。」演講和寫作也如此，無法「教」出來，只能「活」出來，而「活」出來包含兩層含義：

一、自己的光芒沒有被外在遮擋

活出自己是需要勇氣的，如同春天裡發芽的種子，擁有向上的勇氣，不被土壤所遮擋，破土而出。有時候，我們會害怕自己是獨一無二的，於是隨波逐流。我們走了大多數人都會走的路，被大部分觀點和聲音所包圍，漸漸地在人群中不見了自己的蹤影。

我在西班牙看高第的建築時，聽到了很多關於這位天才建築師的故事。他生性執拗，自己的建築不接受任何修改，最有代表性的就是米拉之家。當時高第設計完米拉之家後，遭到客戶的強烈反對，要求他更改設計，但是高第堅持自己的原則，死活不肯修改，而且聲明不允許客戶找人自行改動。

雖然客戶非常不喜歡，但是迫於高第的強勢，只好忍耐下來。直到高第去世之後，客戶才敢稍微更換一下室內的布置，而高第這個堅持的舉動，讓米拉之家成為一個偉大的建築作品，每年都有世界各地的人如同「朝聖」般飛到西班牙欣賞這棟建築。

儘管如此，高第的建築作品一出來時不被很多人看好，甚至招來許多抨擊，說奇形怪狀、嘩眾取寵。高第並沒有因此而更改自己的風格去取悅大多數人，他說，他不能忍受直線建築的平庸，於是堅持獨特的曲線建築風格，這才讓高第成為這個世界上的天才建築師。如果有幸可以去西班牙觀摩高第的建築，你可以透過高第的建築感受到他身上勢不可當的生命力，看到他獨一無二的光芒。

活出自己，意味著尊重和信任自己的獨特以及自身不一樣的觀點，尤其在資訊爆炸的網路時代，每個人的時間和專注力都變得越來越碎片，如何讓別人願意在我們身上停留，關注我們的演講或文章？

作家火星爺爺許榮宏說：「當你上臺時，我對你的渴望是什麼？我渴望聽到一些不一樣的、沒聽過的、有震撼力的。我對老生常談沒興趣，我對已經知道的事沒興趣，所以請說一些我不知道的。我期待你告訴我，原來我多年深信不疑的想法，錯得一塌糊塗。」

無論是演講還是寫作，我們都要讓自己發出擲地有聲、不一樣的聲音，要做到這一點，我自己的心得是：

1. 多閱讀

大學畢業以後，我就很少再看書，這種狀況一直到我感覺自己「整個腦袋被掏空了」才發現。會議上，輪到我要發言的時候，我居然說不出一個有價值的觀點，於是我重新拿起書本，從此一發不可收拾。從二〇一六年到二〇二三年，我所閱讀的書已經超過四百本，這些扎實的閱讀量提供了我獨到的觀點和素材，在演講和寫作時，信手拈來就是素材。

主持人白岩松曾說過：「當大家都不讀書的時候，誰堅持讀書，誰就能殺出一條血路來。」

2. 不但要多看書，還要看那些少有人看的書

這是一個日趨同化的時代，審美觀、價值觀、金錢觀被同化，當一切被過多同化的時候，「那些少數又正確的不一樣」會成為某種意義上的稀缺資源。我很喜歡馮唐的短篇小說集《搜神記》裡的一句話：「那些似乎『我眼有神、我眼有鬼』的人，他們用獸性、人性和神性來對抗這個日趨走向同化的資訊時代。」當大家都在用相同的觀點做同樣的選擇並成為絕大多數人時，那些特立獨行且又正確的極少數人就

會不斷拉開彼此之間的距離，人與人之間的「時差」便在無形之中不斷形成。

我很喜歡看一些臺版或是絕版的書，甚至曾經花了大錢買一些已經絕版的二手書來看。如果你只讀每個人都在讀的書，你也只能想到每個人都能想到的事，要讓自己擁有特立獨行且又正確的觀點，就從看那些少有人看的好書開始。

3. 要學會融合

知名音樂製作人張亞東在綜藝節目《樂隊的夏天》點評樂隊時說：「好的音樂作品都是『融合』的。」融合意味著不同領域、風格、元素的混合。我在演講或寫作時，會就某一個題目進行不同角度的思考，力求可以找到一個新穎的角度切入，帶給大家不一樣的視聽感受。

天才建築師高第應該就是一個特別擅長跨界混血的例子，他將建築與大自然結合，所有的建築設計靈感都取材於大自然這個廣闊無垠的課堂，當兩者相碰撞在一起的時候，偉大的建築就這樣誕生了。達文西也是跨界高手，他是畫家、發明家、人體解剖學家、歌者、建築師、工程師、科學家、藝術家、詩人等等。

當我們所接觸的領域越多，我們就擁有不同的視角和觀點來看待問題。當別人的演講或寫作只能就事論事、就固定領域談觀點時，如果我們能橫看成嶺側成峰，這種別樣的視角和觀點就會一下吸引所有人的注意力，帶來演講和寫作的成功。

二、盡可能地多去體驗，累積不一樣的感受，享受自身不一樣的情感

這幾年，我開始放開雙手，全然地允許自己去體驗我想要體驗的一切，去看不一樣的風景，去聽不一樣的聲音，去做不一樣的事情。當接觸越來越多不一樣的人事物的時候，我的頭腦由過去二元對立的矛盾體轉為共生共長的共同體，這些體驗幫我打破了很多過去自認為是唯一正確的答案，由非黑即白的單一無聊人成長為對各種觀點和新鮮事物都感興趣的人，我要成為一個有趣的靈魂。

張亞東在《樂隊的夏天》中說：「我只是覺得你要聽不同的音樂，就像你去過不同的地方，去的地方越多，你就會發現整個人突然打開了。」你突然發現整個人被打開了是什麼體驗？我知道，這是一種生命敞開、能量和情感來去無阻礙，自然通透的體驗。

打開感官，眼、耳、鼻、舌、身、心、意相通，對內、對外清明流暢；多看、多聽、多體驗，人的好奇心會指引身體，身體會啟動鏡像神經元，人就會變得越來

越敏捷聰慧，也會被真摯、充沛的情感包圍、浸染，在豐富的感性體驗基礎上延展出真正的理性世界，思維澈底明澈開放。當整個人都處於這種狀態的時候，我們的演講和寫作才具有觸動人心的力道。沒有「活的生命」作為表達基石，演講和寫作只是空中樓閣。沒丟魂，就是好演講、好文章。

火星爺爺在《故事要瘋傳成交就用這5招》這本書中說道：「在說故事這件事情上，你應該把自己升級為布道家而不是推銷員。推銷員賣東西，布道家傳福音。推銷，你瞻前顧後怕出錯；但布道，你無所畏懼，你看不見障礙，因為你有強大的使命感。」

看到這裡，你可能會有疑惑：不是要告訴人們怎麼演講和寫作的嗎？怎麼沒有任何演講寫作的方法和技巧傳授，沒有實戰經驗分享？我明白這種心情，這就像是你現在面對一扇上鎖的門，你迫切想要找到鑰匙打開這扇門，你當然知道能打開這扇門的鑰匙一定在別的地方，如果鎖孔裡面插著一把鑰匙，那這扇門相當於是打開的，不是嗎？所以解決你目前問題的鑰匙一定都是在別的地方，功夫在詩外，也是同樣的道理。**當遇到必須解決的問題時，有人只能盯著問題看，而只有少數人能夠明白——應該去別的地方找鑰匙，這就是能夠解鎖所有問題的萬能鑰匙。**

很多人以為自己的英文不好是因為單字量不足，於是去背大量的單字，其實真正的鑰匙在別的地方──他們的語言程度不夠好。

很多父母苦惱孩子沒有耐心，其實鑰匙在別處──哪是孩子沒耐心，而是做父母的沒耐心，孩子只是在複製父母行為而已。

很多人以為自己演講和寫作技巧不夠好，於是去報名各種演講和寫作培訓班，其實真正的鑰匙在於你要有足夠多的閱讀和體驗，擁有獨特的觀點，創造有力道的故事，讓別人願意花時間聽你演講或看你的文章。

天使投資人李笑來在他的《通往財富自由之路》這本書中說道：「轉眼十多年過去，網際網路連結了所有人。突然之間，內容變現成了趨勢，我們這種善於創作、精於製作又精通傳播的人因為這點技能『輕鬆地』賺到了錢，但是在一切的背後，產生作用的是那把萬能鑰匙──別人盯著錢看，我也覺得錢是個問題，但我覺得，解決方案一定在其他地方，最終我認定，能力更重要。**盯著自己的能力看，盯著自己的能力成長，才是真正的鑰匙啊！**」

PART 4
結婚與否，
你都可以讓自己開心

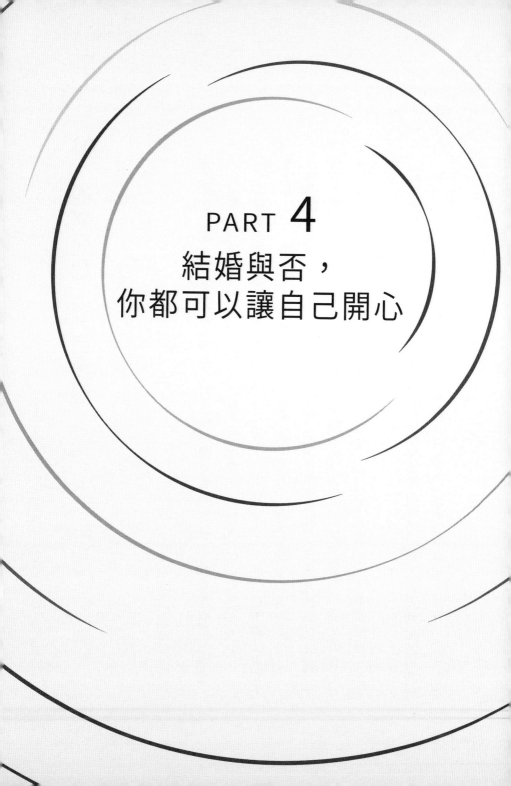

01 從戀愛腦，到自愛體

提起戀愛腦，你是不是以為這一定是個不經世事的女孩？滿心滿腦都是戀愛，這樣的女孩是不是沒有很好的工作？我有一個朋友，可能會打破你的這個認知。

不談戀愛的時候，他非常理性、冷靜、獨立，很聰明，工作能力也很強，非常有商業頭腦。但一談戀愛，他就秒變戀愛腦，眼中看的、嘴裡念的都是男朋友。

我這位朋友反差極大，他是創業公司的老闆，雷厲風行。他靠著極強的工作能力和敢想、敢幹的個性，僅僅幾年的時間就把公司業務迅速拓展到全中國，即使是在疫情期間也能穩妥地讓公司的業績成倍數增長，但他卻在戀愛中，屢屢受挫，受盡折磨。

每次他談戀愛，全公司的人都非常緊張，唯恐他的情緒不穩，影響到全公司的發展。幸好，他很會用人也很會管理，即使經常因為失戀而無法正常工作，公司依然能穩步運轉，並且逆勢創造一個又一個奇蹟。

他有非常強的人脈，有全國頂級的情感專家作為他的「智囊團」。在二〇二一年他失戀的時候，他動用了三十多個心理學家、情感專家幫他調節失戀的痛苦。是不是很難相信，這樣一個成功女性怎麼會是戀愛腦呢？如果不是我親眼所見，我也很難相信。

「有條件」的成長，會渴望「無條件」的愛

二〇二一年底，我經常會收到這位朋友的訊息，不是問我工作上的總結規劃，也不是探討這一年的成長，而是問：「你現在有時間嗎？我有些情感方面的問題想向你請教一下。」語氣中透露的全是焦急和慌張。

「我們又吵架了，這次他真的生氣了，我該怎麼辦，能幫幫我嗎？」看著他的文字，我既心疼又疑惑：這還是我在工作中所認識的他嗎？為什麼事業上那般成功和優秀的他，一遇到戀愛，馬上像換了一個人一樣？深聊之後，我知道了原因。

心理學把戀愛腦稱之為焦慮型依戀或者癡迷型依戀，是指當人喜歡一個人時，會

對對方產生極端的依戀需要，會感覺如果離開了對方就會陷入一片茫然和無措，這種陌生的感覺會讓他們產生控制不住的焦慮、抑鬱和恐慌，害怕被拋棄，所以會在心裡不自覺地抬高對方的價值，貶低自我。

有句話說，幸福的童年可以治癒一生，不幸的童年卻要靠一生治癒。我這位朋友努力拚搏，從小縣城來到大都市扎根，並且闖出一番天地，這一切都源自他媽媽的嚴格教育。

他小的時候，因為天生腿部缺陷，先後動了八次手術，有兩次差點死在手術臺上，坐過輪椅、拄過拐杖，經歷過無數病痛的折磨。他媽媽擔心這樣的他無法在社會上立足，無法在父母雙雙離世後還能獨立生活，所以強逼著他必須變優秀。據他說，小時候考試稍微表現不好，媽媽就會拿著小鐵尺打他的手。長大了，雖然媽媽的小鐵尺不見了，卻像是長進了心裡，只要表現稍微不好，他就覺得好像媽媽的小鐵尺還在，還會打他，所以他強迫自己變得優秀，即使取得了讓所有人都驚嘆不已的成績，依然活得誠惶誠恐。

媽媽的教誨，讓他養成了不服輸的進取心，同時也在他的心裡種下了「不優秀就不配」的種子。會有這種想法，源自於他小時候感受到的不是無條件的愛，而是有條件的愛，即「如果我不優秀了，別人就不會愛我」。因為總是被批判，所以他心裡總是希望獲得認可；總是在「有條件」的環境裡長大，所以心裡總是渴望無條件的愛，即使那種愛如剎那流星，只要曾出現過，即使付出所有也讓他拚命守護。

他說，他會愛上他的前男友，只是在某個很疲憊的瞬間，對方摸著他的頭說：「別怕，我在。」他以為他找到了生命的光，卻沒想到那束光剎那消失，再也不見了。為了留住那束光，他拚命付出，每天忙完公司的事情還要一日三餐變著花樣替男友做飯，處理家務，掏錢買房，準備好家裡的各種事宜，甚至主動幫助對方照顧父母……如同「二十四孝」女朋友般，耗盡了所有，卻還在不停地追問：「我能配得上我男朋友嗎？別人會不會覺得我在占他的便宜？」一次次的「自我犧牲」並沒有替他帶來幸福，相反，他總在愛情裡跌跌撞撞，遭遇各種不公平的對待，最後依舊被分手。

生活裡，有很多女孩如我朋友這般為愛付出，帶著美化的濾鏡抬高別人，貶低自己，在愛裡卑躬屈膝，小心翼翼，滿心滿腦都在渴望抵達幸福，卻總是弄得自己渾身是傷。究其原因，是因為他們太過渴望愛了。從心理學的角度來說，所有的過度渴望都是因為隱藏在內心深處的欠缺——缺愛、缺乏安全感、缺乏認可。

小時候，當父母給的愛不夠或者父母的愛永遠是有條件的時候，長大後，孩子就會極度希望從外在獲得愛；父母給的穩定性不夠，孩子就會焦慮，害怕被遺棄，總是想拚命去抓牢感情。可是感情是不穩定的，當我們越是希望從外界獲得，就越是把幸福的裁判權交到了別人手上。當內在不穩定，我們就會永遠在不安的情緒裡掙扎。所以，我常常跟已經當父母的朋友說，要愛你的孩子，要常常溫柔地告訴孩子「不管你怎麼樣，爸爸媽媽都愛你」，因為在這種愛中，孩子會得到無比珍貴的禮物。

無論我是什麼樣的，我都愛我自己。

我很美好，值得擁有美好的一切。

我們擁有高自尊、高配得感以及豐盛感。

愛自己，才是關係穩定的基礎

幸好，童年的傷也並非無法治癒。時隔一年後，這位朋友從「缺愛」的狀態裡自癒，從戀愛腦轉成了自愛體，他的臉上不再因為感情的傷寫滿了苦痛，他的內心也不再因為情感的坎坷而變得難過；相反，他朝氣滿滿，變得幸福快樂。那他是怎麼自癒的呢？

1. 要建立正確的認知

戀愛腦女孩往往會有一些更深層次的心理需求。比如我這位朋友，他就是因為小時候父母對他太嚴苛，得不到認可，所以會把自己內心中沒有實現的願望寄託在戀愛關係裡。女孩們一定要重視自己的內在需求，認知自己真正的需要，才能對症下藥，做出改變。這個過程可能比較困難，不妨多聽聽周圍人的聲音，或者是接受專業的幫助，從虛假的愛情幻象裡脫離出來，關注自己真正的感受，擁抱現實。

2. 愛自己，才是關係穩定的基礎

很多戀愛腦的女孩都看不清自己的價值，他們低自尊，有嚴重「不配得感」，認為只有透過對方無條件的愛和接納才能證明自己的價值，這導致自己和對方都很疲累，即使開始是很好的感情，最後也會無疾而終。

誠如我這位朋友，因為他小時候腿部手術的經歷導致他非常沒自信，自卑的心態會進而導致他對另外一個人的過度依附，並做出很多類似於「討好」的行為。他學不會理解愛，正確地給予愛，更學不會享受愛，因為他會以為所有的愛都是「有條件的」，只有我「好」或者我「做得好」，才能獲得對方的認可。這樣的心態，難以建立一段健康而美好的關係。

誠然，好的伴侶能夠救贖自己，但更多的時候，要讓一段美好的關係降臨在自己身上，需要有一個前提，就是：**想要愛人，先要自愛；唯有自愛者，才能愛人**。

正如金錢會流向那些不缺錢的人手中一樣，愛也是流向那些不缺愛的人心中。一個人要學會無條件愛自己，就要先從放棄「不優秀就不配活」的念頭開始，先從接納自己的缺陷開始。

我們每個人都有缺陷，但是沒關係，我們愛自己身上的優點，也接納自己身上的缺點。即使達不到世俗意義上的優秀，但是我也覺得我很好、我也很棒，這樣的人，不乏千鈞之力！人生幸福的裁判權應該握在自己手裡的，而不是別人手裡，如果問要怎麼樣才是愛自己，我覺得這就是真正的愛自己！

3. 豐富自己，讓生活更充實

蔣勳老師在講解《紅樓夢》時，談到寶玉的「癡」。他說：「有些癡，是為了讓我們來完成自己的。」每個人都有自己的「癡」，身邊那些戀愛腦的朋友也許有時也會被身邊人嘲笑「癡」、「執迷不悟」，但是這份「癡」也是幫助他們完成自己的。

當在戀愛中累積了足夠多的痛苦和失望的時候，他們會自動開啟自我轉變。

後來，我的好友在專業心理師的陪伴下，不斷學習和覺知，把自己的能量從外在不斷回收，放在自己身上，瞭解自己內心真實的感受和需求，然後允許自己去嘗試、去體驗。

他讓自己的生活變得豐富起來，開始學畫畫，漫無目的、不帶計畫地旅行，品嘗美食，允許自己在工作之餘隨心所欲，允許自己慢下來。他發現，生活裡原來有那麼多尚未發現的快樂，除了感情之外，還有很多寄託。

他的臉上開始有了笑容，越來越懂得享受生活。他發現，原來接納自己以後，自己是那麼的可愛，愛自己以後，發現不需要再多附加條件，就能發現自己身上種種的好。當他學會了愛自己，才學會了推己及人，開始真正知道了如何正確地愛別人。

所以，如何從戀愛腦變成自愛體？以上是所有的答案。我們花了太多時間不斷尋尋覓覓，渴望找到一份真愛，殊不知，當我們開始愛自己，才會發現**恰如其分的自愛，才是打開真愛之門的鑰匙！**

02 戀愛與否，你都可以活得很開心

我有一個特別好的朋友，長得很漂亮，身材也好，最重要的是工作能力強，花了不到五年的時間從一個網路公司普通的小員工成為高階主管，每年拿著百萬的年薪，周圍的人都特別羨慕他的生活。

有一次，我們在聊天的時候，他說：「UP子木，你是怎麼做到每天都這麼開心的？每次見到你，你都是笑呵呵的。我要向你學習。」我驚訝道：「哈！難道你不開心快樂嗎？」印象中，我的這個朋友應該過得還不錯呀。

他告訴我，平時工作的時候，他和一大群同齡人一起工作，熱熱鬧鬧地，時間不知不覺就過去了。但是下班回到家裡，一個人的時候，他總是覺得很孤獨，想找個人來聊聊天、說說話或一起做飯、吃飯，可是找了一圈都找不到，心裡覺得空空的。

聽到這裡，我明白我這位好朋友不開心的原因了。我告訴他，要想獲得真正的開心，關鍵在於：一個人也可以活得開心！

婚姻，不是躲避單身生活「無聊乏味」的避風港

做到這一點，我花了十年時間。

單身無聊時，我想，找個男朋友，談個戀愛，應該就會開心了吧，於是，我開始談戀愛。戀愛之後，我發現，兩個人也會有無聊和不開心的時候。我又想，那結婚吧，結婚之後兩個人應該會開心。

新婚時，兩個人你儂我儂，情意綿綿，幸福又開心。可是時間久了，無聊乏味再次向我席捲而來。我又想，那生個孩子吧，有了孩子，生活應該會變得不一樣，可以「拯救」逐漸變得無趣的婚姻。果不其然，寶寶的到來為我們原本乏味的生活帶來了不一樣的開心快樂，可是時間久了，生活中的瑣碎再次沖淡了我的這些開心快樂。

就在我想要獲得更多開心快樂而不得的時候，我看到了一則採訪。採訪對象是一位五十多歲的女性作家。他有著讓旁人羨慕的婚姻關係，在婚姻的滋養中，他保持著滿滿的活力感。在那次採訪中，他被問及如何經營親密關係，他的回答簡短而深刻：

「即使結婚了，也當沒結婚一樣。」這話一出，引起了在場很多聽眾大笑。

大多數人誤以為他是表達「要男人有何用」的觀點，隨後這位作家解釋道，在婚姻中，**一個人自給自足的開心力，才是兩個人長久在一起的關鍵。**

修練自給自足的開心力，才會永遠開心

他的這番話讓我沉思。那幾年，我在婚姻中總是不開心、不快樂，例如希望對方陪伴自己出行，結果因為行程中意見不合而鬧得不歡而散；希望對方陪自己做感興趣的事情，結果會因為對方不感興趣而掃興而歸；希望對方多陪陪自己，結果因為對方太忙沒有時間陪伴而爭吵不休；希望彼此擁有相同的觀點，以此來證明我們心有靈犀一點通，結果兩個人經常為不同的觀點而爭辯不止，類似的事情還有很多。我總以為錯在對方，但是那位作家的一番話讓我幡然醒悟，錯不在對方，在自己，是我沒有自給自足的開心力，所以才會過得不開心。

那個當下，我在心裡做了一個決定——即使一個人，也要活得很開心！

那幾年，我在兩個人的婚姻裡，做了很多一個人的事情。一個人在書房安靜地看

書，一個人去品嘗美食，一個人運動或散步，一個人去學習進修，一個人去別的城市參加喜歡的活動並認識新的朋友，一個人坐飛機去自己喜歡的城市旅行……

有一次，我一個人坐飛機到達旅行的城市，在社群發出一張我抵達機場的照片之後，就收到很多人的留言。其中一位媽媽問我：「這次你又是一個人旅行嗎？你都不跟你先生一起去嗎？」

看到這個問題時，我會心一笑，心想，這真是一個好問題！我回覆那位媽媽：「為什麼任何事一定要和老公一起呢？兩個人，如果都樂意做一件事，當然是非常幸運和幸福的事情。如果不樂意，也不要委曲求全，完全可以自己一個人去嘗試和體驗，然後把嘗試過後的美好體驗分享給對方，這樣兩個人皆大歡喜。」

總之，我用幾年的時間，把自己活成了「即使一個人獨處也可以活得開心自在」的人。當我完成這樣的轉變時，我驚喜地發現，夫妻感情反而越來越好。有一次我先生在忙完手上的事務之後，到書房來找我，要我推薦幾本看過的好書給他。我問他為什麼要讓我推薦，他說：「幾天不看書，都快跟不上你了。再不學習，都怕自己的老婆跑走了！」當我聽到這番話時，我表面上裝得很無所謂，但是內心早已笑開了花。

當一個人學會如何與自己愉快獨處時，也學會了在情感中，兩個人如何愉快相處。不會再咄咄逼人地打著「為對方好」的旗號，要求對方改變；自己一個人就已經開心到忙不過來，根本沒有多餘的時間去糾纏著對方，圍著別人轉。沉浸在自己喜好中的人會長出一種不自知的美，只要站在人群中，就會閃閃發亮。這種不自知的美會吸引著別人主動來找他，因為跟這樣的人相處，歡喜又自在。

這些年，我接觸了很多女性朋友，其中有單身的，有結婚的、離婚的，大家關心的共同話題就是如何在情感中保持開心幸福的模樣？在自己的婚姻中親身經歷了一圈之後，我總是會告訴大家別人能給予的開心快樂終究有限，**那些長久無限的開心快樂並不是來自別人，而是來自自己**。

如果生命中，有一個特別合拍的人可以陪你一起體驗這個世界的美好，讓你感到開心，那當然很好。

如果沒有，那也沒有關係。

當下我們可以去做那些我們一直想做的事情，那些讓我們開心的事情，你會發現，戀愛與否，你都可以活得很開心！

03 當伴侶的「美顏相機」

大多數女生在拍照時，都是離不開美顏的，為什麼一款看似平平無奇的APP，卻能讓我們產生這麼強的依賴感呢？

因爲有你，我覺得自己很美好！

你會不會跟我有相同的感覺，看著用美顏相機APP拍出來的自己，你會在心裡偷樂著：「這是哪裡來的大美女？太美了吧！」看著相片中美美的自己，我的心裡就像是喝了蜂蜜一樣甜滋滋的，內心也瞬間變得興致昂揚。這種感覺太過美好，美好到下次需要拍照的時候，我會再次拿出這款讓自己感到美好的APP，拍出美美的自拍照。

當我一次次沉醉在相片中美美的自己時，我發現這種感覺有點似曾相識，好像在哪見過。後來我仔細一回想，這不是跟愛情開始時的感覺很相似嗎？

愛情是因為有你，我感覺自己很美好，這種美好的感覺如同多巴胺讓人上頭又上癮。如果兩個相愛的人可以長久地當彼此的「美顏相機」，面對彼此，心中常常會湧起一種「因為有你，我感覺很美好」的情愫，那這段感情大機率會變得長長久久。但在這個世界上，那些聽起來簡單的道理，做起來往往很難，「因為有你，我感覺自己很美好」這句話看起來簡單，但是在情感之中，很多人都很難做到。

有一次，我看一位明星的訪談，那位明星說了自己婚姻生活中的一個小故事：有一次他要出差，自己在家裡打包行李，把所有行李都整理好之後，他起身拉行李箱的拉鍊，結果那個拉鍊怎麼拉都拉不起來。這時，他老公就過來對他說：「我來幫你吧。」當時他說了一句話：「不用，你到旁邊去，我自己一個人弄好。」為了證明自己真的能弄好，他一屁股坐在行李箱上面，重重一壓，自己一個人就把行李箱的拉鍊輕鬆拉起來了，然後他很得意地對老公說：「你看，我很厲害吧！」

那位明星在採訪中說起這個小故事的時候，他和他的老公已經離婚分開了。在回憶起那段往事的時候，他說，當時他想要幫助自己，但是他拒絕了，這種拒絕讓對方覺得，他不被需要。

「我需要你」是愛人之間最美的情話

「不被需要」是很多情感關係出現問題的預兆，因為不被需要的感覺實在太糟糕了。如果想要一段婚姻能夠走得更遠、更幸福，不是你為整個家庭犧牲了全部的自己，最重要的是你要讓對方知道，你很需要他。如果你有看過為懷裡的嬰兒哺乳而獲得巨大幸福感的母親，你就會知道，在這個世界上，被人需要是一件很美好的事情。

我在家庭生活中，經常就是一副「白癡」的模樣。邀請朋友來家裡做客，結果連家裡的杯子放在哪裡都不知道；幫孩子買衣服，結果連衣服的尺寸也不知道；我連自己的生日也不怎麼記得，工作忙起來時，穿著一雙脫線的鞋就直接出門了；成家這麼久，我不會煮飯也不會洗衣服，如果家裡只有我一個人，我就只能叫外送。

我的朋友經常說我是「傻人有傻福」，後來被說得多了，我認真思考了一下，也許自己身上這種在日常生活中的「傻氣」恰好滿足了我先生心中大大的「被需要感」吧。

有一天上午，我要參加一個會議，必須準時參加，結果愛拖拖拉拉的性格還是讓我壓線，只能匆匆忙忙的出門。我先生開車送我時說：「你這個人就是這麼愛拖拖拉拉的，你看，要不是我開車送你上班，按你的速度，今天開會准遲到，准會被罰錢！」我在一旁笑嘻嘻地應答道：「對對對！沒有你，我肯定會遲到，會被罰錢的！幸虧有你！」這話說得我都差點對他唱起歌來：「謝謝你，幸虧有你。」

在我的婚姻生活中，這種「幸虧有你」的事情處處皆是，比如我不認得路，他會一邊開車導航一邊感慨：「哎！這麼大的人了，連路都分不清楚。」我就會在一旁說：「我不需要搞清楚啊，因為有你在呀。」我不擅長打掃整理，他就會一邊打掃一邊感慨：「你看看你，房間這麼亂，你怎麼都待得下去？」我就會在一旁說：「房間不會一直這麼亂，因為有你在。」我沒時間擦鞋子，他就會一邊幫我擦鞋子一邊感慨：「鞋子這麼髒，你都不會擦一下嗎？」我就會說：「你每次都幫我把鞋子擦得太乾淨了，讓我自嘆不如！」某一天出門上班，我急急忙忙隨手拿出一雙鞋就要穿上，那是一雙穿了好幾年的小白鞋了，他站在門口準備送我上班，看著我腳上的鞋舊到都脫線了，於是說：「我幫你再買一雙小白鞋吧，要不然你就一直穿著這雙舊鞋子，也不去買新的。」

我所有的這一切，彙集起來，就變成了一句最重要的情話：「我需要你！因為有你，我變得更幸福、更快樂！」

被需要，滿滿的被需要感！這是擁有一段長久又親密的情感關係絕對祕訣，所以我總是跟身邊的女性朋友說，不管你多麼能幹，請你在家裡留出一個空間，留給你的另一半，讓他用自己的力量為這個家庭出點力。**你的每一次需要，就是對方的「美顏相機」，讓對方在被需要中，感受到自我存在的價值。**

在很多書裡，提到婚姻的經營技巧時，都會提到一個詞語——給予。自己多多給予，多多付出，但是我更喜歡「給予」的另一種說法——給予對方日行一善的機會，這種說法顯得更有智慧。

很多時候，我們的給予是一種彰顯自我價值的給予，還有一種給予就是給予別人彰顯他們自我價值的機會。在婚姻中，擔心另一半做不好、沒時間去做，於是憑一己之力扛下家裡所有事，這是屬於第一種「給予」；適當的示弱，讓對方在家裡有空間發揮自己的能力和價值，這是第二種「給予」，而每一次這樣的給予都會讓對方產生「我很棒、很厲害、很有價值」的美好感覺。

我把這個觀念分享給很多女性朋友，一些女性朋友聽了之後立刻就行動了——給予對方日行一善的機會。其中一位媽媽說道，以前在家中，凡事自己能做的，他都自己做，做不了的就放著，實在非得解決的時候才會向另一半開口求助，但是這個時候他的情緒往往已經不是很好了，帶著負面情緒的表達就很容易適得其反。現在他一旦發現在家裡所做之事超過自己的能力時，就及時向另一半尋求幫助。沒想到，這反而增進了雙方的感情。他最後開心地說，他要當老公的「美顏相機」。

與這位朋友相反的是我的另一位女性朋友，他是我們這群朋友中公認的賢妻良母。他在家憑一己之力處理好所有的家務事，而且一個人負責孩子的教育。他知道自己的老公平時工作忙，應酬多，為了讓他回到家中有更多時間休息，所以家裡大大小小所有的事情都不讓他操心，他就是這樣的賢妻良母。有一天，他找我哭訴他老公出軌了！我震驚之餘，無法給他更多安慰，只好陪在他身邊聽他的哭訴。

在那一刻，我想起了過往看過的那些狗血家庭劇：妻子不辭辛苦地為家庭付出和犧牲一切，然而丈夫卻背著妻子在外面找了情人。作為觀眾，當時年紀尚小的我義憤填膺，死活不能理解：「為什麼會這樣？你的眼睛是瞎了嗎？你的妻子對你那麼好，你卻不懂得珍惜！」

等我結婚之後，我才明白妻子的一番好心是需要得到丈夫的理解和認可的，妻子應該要主動向丈夫表達自己的需求和期待。

多對自己的愛人說：「我需要你」，這是愛人之間最美的情話，因為「我需要你」是一個人對另一個人自我價值的極大肯定，它暗含的意義不僅是「我需要你」這麼簡單，更契合了人類的一種本性——趨樂避苦和被別人欣賞。當所愛之人說出這句「我需要你」時，對方的內心就會滋生出一種自己「變得更好」以及被欣賞的感覺，而不是「變得更糟糕」。

在愛中，多給予對方彰顯自我價值的機會，這是一種更有智慧和慈悲的愛。

04 在親密關係裡，你是要快樂還是要對錯

「從此公主和王子過著幸福快樂的生活。」因為這句話，多少人帶著對幸福和快樂的期待走進了親密關係，又有多少人在走進親密關係之後發現相愛的兩個人，原來會有這麼多的爭執和衝突，而那些爭執和衝突，在葬送了多少美好的親密關係之後，又有多少人發現很多根本不值一提？

以前，我和我先生也很常起衝突，一點點雞毛蒜皮的事，都能吵個天翻地覆。吵來吵去，我們無非就是為了爭一個對錯——證明我是對的，你是錯的，結果對錯沒有結論，倒是經常冷戰。這種反復冷戰會對一個人的精力和心力產生巨大損耗，為此我曾經找了心理諮詢師，花了鉅資去諮詢，卻絲毫沒有改善我和老公的關係，直至我在《親密關係》一書中看到了一句話，讓我茅塞頓開：「**在親密關係中，你要的是快樂還是對錯？**」

書中說，一心想要證明對錯的思維很容易將親密關係中的兩個人處於非對即錯的二元對立關係之中，極易引發兩人之間的爭執，讓人痛苦，也讓身邊人痛苦。

「自己痛苦，身邊人也痛苦」這句話戳中了我的死穴，讓我想到那幾年，我在家裡爭對錯，我是對的，你是錯的，在對錯的衡量下，我覺得自己簡直是找了一個「豬隊友」，爭來爭去，自己痛苦，身邊人也痛苦。

我問自己：「在親密關係中，你要的是快樂，還是對錯？」

如果要的是對錯，那就只有「對」、「錯」兩種結果；如果要的是快樂，那就可以創造多種可能性的結果，就如同爭輸贏的更高層次是共贏。

情感中，比爭對錯更高的層次是快樂，我告訴自己，我要的是快樂。一旦改變自己所想要的結果，一個人就會隨之改變方法，以此來獲得對應的結果。後來，當我和老公發生爭執想要一爭高低對錯的時候，「你要的是對錯還是快樂？」這句話就會浮現在我的腦海中，幫我按下暫停鍵去思考，要怎麼樣才能讓彼此都快樂呢？

正確的發問會帶來正確的答案，而正確的答案總是讓人心生愉悅。

有一次我跟老公說：「最近我工作比較忙，下班回家會很晚，你記得晚上睡前唸繪本故事給孩子聽。」老公沒同意，說：「要唸繪本，你自己唸，我不要。」聽到這句話時，我內心的怒火熊熊燒了起來，我好不容易壓住怒火，保持克制問他：「為什麼？」他說：「你買回來的那些繪本故事我不喜歡，誰買的誰唸。」

我和我先生在選擇孩子的繪本時，有著完全不一樣的喜好。我喜歡那些「無用之美」的繪本，希望那些有著美感的文字和畫面潛移默化地影響著孩子的審美，而我先生喜歡那些宣揚良好習慣、品質、品德的故事繪本，希望能夠讓孩子在故事中懂得更多道理，引導孩子建立良好的習慣。

如果按照以前我的思維方式，我肯定又要在車上當著孩子的面跟我先生一爭對錯，宣揚幼兒學習階段「無用之美」的重要性。那一刻，我的腦海中浮現了書中的那句話：「在親密關係中，你要的是快樂還是對錯？」我想，自己看了那麼多書，不能光說不練，做做樣子，這次就踐行一下書本上的方法，選擇快樂吧。

一個人的想法決定他的做法，當我決定選擇快樂時，大腦立刻快速運轉，尋找讓大家都快樂的方法，結果真的找到了：以後我買我喜歡的繪本唸給孩子聽，我先生買他喜歡的繪本唸給孩子聽，互不干涉。這個主意一提出來，我先生非常爽快地就答應了。一家三口在車裡面哈哈大笑，原本劍拔弩張的緊張氛圍也消失不見了。

「在親密關係裡，你要的是快樂還是對錯？」這句話讓我看到了發生矛盾時，我們除了爭執對錯之外的另一個選擇，而這個選擇可以讓我們和有情人做快樂事！

有一次，有一位媽媽來找我，希望我能推薦一位情感專家幫他解決情感困惑。他說自己和老公意見不合吵架了，兩個人在關於孩子喜歡聳鼻子這件事情上，處理意見不一致。他覺得這是一件小事情，不用過多擔心，但是他老公認為這是孩子的一個壞習慣，需要糾正。兩個人因為不同的看法而產生了爭執，惱怒之下兩個人又把過往在育兒方面對彼此的不滿，如同倒豆子一般一股腦兒全倒了出來。妻子怪丈夫固執死板、不愛聽人勸，難以溝通；丈夫怪妻子教育孩子沒原則，凡事看心情辦事。在溝通中，兩人都用了語氣很重的話語。

我在過往積累了太多對於這類事情的處理經驗，於是我告訴他，不要花錢請情感專家諮詢，他只需問自己：「我要的是對錯還是快樂？」**對錯讓兩個人對立又分離，快樂讓兩個人相容又融合**，所以夫妻發生爭執的時候，換個角度思考一下，想想怎麼跟對方溝通，才能讓兩個人皆大歡喜。

我向他分享了我自己的經驗：既然老公持意見A，我持意見B，那我們兩個人的意見撞在一起，就等於A＋B，創造出了一個全新的答案。就像他覺得教育孩子應該隨孩子的天性，他丈夫覺得教育孩子應該要有自己的原則和規矩，兩個人截然不同的意見結合起來，那孩子在成長中既有了愛和自由，又有規矩與原則，多麼完美的結合體。聽完我的這番解釋，他說：「眼前一片明亮。」

親密關係是道場

我曾經邀請一位在商界很厲害的朋友在我的直播間做客，分享他的成功心得。他在那次直播中分享了一個關於獲得成功的金句：「這個世界上沒有競爭，只有合作。」當時很多觀眾聽到這句話時非常震驚，其中一位觀眾向他提問道：「是什麼關鍵的事情讓你有了這麼厲害的認知和格局？」他告訴我們，他是在婚姻關係中學到的。

他和他的前夫是同學，為了能夠跟他在一起，他放棄了所有，去他所在的城市，與他一起生活與創業，但是生活了幾年之後，他的婚姻以破裂而告終。為什麼曾經為愛願意放棄所有，不顧一切地跟所愛之人在一起的他，最後卻情感破裂？他在痛苦中不斷去反思思考，漸漸地借助著這段破碎的婚姻看清了原因。

原來在婚姻中，他總是覺得自己比他好，做的決策也比他對，一直把他放在對立面。當一個人把另一半當作對手去比較、爭對錯時，就會讓彼此時刻處於對立與矛盾中，必然就會出現感情的問題。

在那次直播分享中，他告訴我們，他大概用了四年時間澈底認清了婚姻關係破裂的原因之後，才真切地感受到無論是親密關係還是人際關係，如果覺得自己就是最厲害的，那自己就是天花板，但如果我們身邊每一個人都比我們好，比我們能力強，那更是一件最值得慶祝的事。認清這一點之後，他的世界裡從此就沒有競爭，處處都是合作了。

若我們在親密關係中打破二元對立的狹隘世界觀，學會多元化的廣大世界觀，那我們就能學會接納、欣賞、相容以及合作。當我們把在親密關係中習得的這一切用於面對外面更大的世界時，我們會發現這個世界上競爭變少了，合作變多了。

人們都說女人如水，我們真的就會成為「水」——既能容納萬物，又能彙聚萬物，成為強大的力量！

05 結婚後，如何談戀愛

我有一個女性朋友考慮問題特別「理性」，每次都只享受戀愛的甜美，卻從不肯走入婚姻。我問他，年齡越來越大，身邊也有合適的人，是否可以把結婚排入日程了？他說，為什麼要結婚？這世上從來沒有任何愛情能夠永遠「保鮮」，婚後的關係都是現實的，所有的感情都會降級，關係裡的美好，到最後收穫的全是幻滅，所以他拒絕婚姻，不希望在感情裡收穫一次又一次的失望。

誠然，熱戀的時候，兩個人如膠似漆，耳鬢廝磨，一分一秒也不願分開，幸福甜蜜成了關係的主調。結婚之後，兩個人每天從早到晚，大眼瞪小眼，確實會面臨很多的挑戰。日子一成不變，對彼此瞭若指掌，相互的新鮮感和神祕感都在降低。草色遙看近卻無，何況是兩個活生生的人呢？「零距離」的生活的確會減弱雙方的吸引力，但有些美好失去的同時，另一些美好會來臨，**只要我們懂得失去和獲得相加之後是**

正數，那麼我們必將收穫幸福。

很多人都羨慕我和我先生的感情。結婚十年，我們依然能如膠似漆，彼此成為對方最強的依靠，即使經歷了很多風雨，我們的心卻越來越靠近，感情濃度也越來越高。如果問我婚姻保鮮的祕訣，我會告訴你，**結婚之後，也要繼續談戀愛。**

婚姻中也要繼續保持「戀人視角」

戀愛，是對於關係的一種動態選擇。如果你因為結婚登記就主動完結了戀愛關係，那你與另一半的相處就會漸漸失去鮮活的生命力；如果你選擇在婚後繼續談戀愛，那麼你與另一半的關係基本上和婚前不會有太大的差別，但是有可能會更好。

在剛結婚的時候，我也曾找不到戀愛時的感覺，因為我和我先生都是從單獨的個體走進了家庭，彼此都沒有經營關係的經驗。那段時間，因為生活習慣的不同，生活空間被壓縮導致我們經常發生矛盾。苦悶的時候，我也曾懊悔，為什麼要那麼早結婚，甚至有過想要離婚的念頭。直到有一天，我聽到一個故事，是在說一個愛花的老太太，每年夏天，他家的門廊都會開滿鮮花，附近的鄰居都會駐足賞花。

有一天，有一個女孩經過他家，邊欣賞花邊感慨道：「為什麼我怎麼樣也種不好這些花呢？你真是有一雙天賜的妙手！」老太太摘下工作的手套，和藹地笑著對他說：「你看我這雙手，是多麼的普通，因為年歲大了，不是很靈活。種不出好看的花，不能怪你的手。這附近的土地有一層很厚的沙礫，沒有足夠的養分，只有野草和樹不受影響，花比較嬌貴，自然是難養成的。」

他戴上手套，繼續說：「我鏟掉了門口的一層沙礫，又從後山坡挖來了很多樹葉鋪成了沃土，才把這些花種活。你知道我費了多大的力氣嗎？你看到我這院子裡有多少枯死的樹枝嗎？即便是現在，我每年都要從後山挖好多的樹葉弄成肥料，撒在院子裡。」

種花是這樣，幸福的婚姻也是一樣的，需要我們鏟掉阻礙幸福的沙礫，然後再鋪滿沃土，才能開出幸福的花來。那麼，阻礙幸福的沙礫有哪些呢？

1. 不會表達

很多人說，戀愛的時候，我們常常是帶濾鏡的，看到的大多是對方的優點，但是結婚之後，往往只習慣盯著對方的缺點；戀愛的時候，我們習慣用欣賞的眼光，結婚之後卻往往變成了批判的眼光。也許對方沒有變，但我們看問題的角度變了，感受也會變得不同。所以，我們要學會始終如一地保持欣賞的眼光，使用正向的語言溝通。

綜藝節目《妻子的浪漫旅行》裡，鮑蕾說陸毅每次開車走錯路，他都不會指責他，反而會說這裡正好沒去過，能到這邊其實也挺好的，就當兜兜風。鮑蕾是個非常善於正向表達的人，所以他跟陸毅的感情總是甜甜的。我們可以想一下，一樣的場景下，當我們的另一半開車走錯路的時候，多少人會選擇指責，又因為語言表達的問題，讓事情變得更糟糕，是件成本很低卻傷害性極大的事情。

那麼如何才能避免不會表達導致在語言上傷害了對方，還影響了感情呢？非常簡單，答案就是多說鼓勵的話和表達欣賞。每個人都有脆弱的時候，都渴望被人欣賞和認同，如果我們能夠在夫妻的感情中，懂得多從好的方面欣賞對方，多說鼓勵的話和表達欣賞，那麼對方就能真正感受到伴侶的體貼和溫柔，更好地激發出責任和包容，兩個人的感情也會越來越濃。

另一方面，少用批判和指責的表達。當人被指責的時候，會激發反向心理，第一反應會去攻擊和辯駁，很難用理性去認清事實。所以，一旦溝通中出現對峙，兩個人往往容易產生爭吵和摩擦，幸福的關係也會深受影響。

2. 沒有共同的興趣愛好

夫妻之間，共同的興趣愛好就是愛情的升溫器。我認識一位女強人，他和老公共同創業，家庭事業雙豐收。難得的是，兩個人多年來感情如膠似漆，用他自己的話來說，就是一天不見面，都會非常想念。

兩個人一起到處飛各地出差、見客戶、出席各種活動，假期時兩個人一起全國自駕遊。有商業同行曾問他和他的老公：「你們天天都在一起，難道不膩嗎？」他回答道：「怎麼會膩呢？我們每天都有聊不完的話題呢！彼此就像是對方最好的朋友。」而他與老公每天說不完的話，來自他們結婚之後用心建立起來的共同興趣。比如老公喜歡下棋，他就讓老公教會他下棋，週末在家的時候兩人就一起下棋；他喜歡旅行，老公喜歡歷史，於是他們就去那些擁有悠久歷史的地方旅行，兼顧彼此的興趣；兩人都喜歡創業經商，於是工作也成了他們感興趣的共同話題。

心理學家發現，保持關係長久的伴侶都有一個共同特徵，那就是志趣相投。當人瞭解到對方存在跟自己相似或相同點時，容易對其產生天然的親近感與信任感，甚至感到彼此志同道合。所以，如果想要婚後依然保持戀愛的感覺，就讓彼此擁有共同的興趣愛好吧。如果沒有，那就從現在開始，用心經營一個共同的興趣愛好，那些因為相同的喜好而讓彼此產生「我們是一類人」的親近感，可以改變「逐漸無話可說」的婚後現狀。

3. 沒有找到夫妻間更好的關係定位

楊絳是作家、文學翻譯家，是錢鍾書的夫人。錢鍾書曾評價他是最賢的妻、最才的女，更是形容楊絳是「妻子、情人、朋友」三位一體。

我覺得「妻子、情人、朋友」三位一體才是婚姻關係當中兩個人最好的定位，彼此是最好的伴侶、最好的朋友以及最能互傾衷腸的情人。「妻子」的身分很好理解，「情人」即生活有情調，「朋友」則是降低期待，彼此包容，有空間感。

在看過很多婚後家庭個案之後，我發現很多夫妻在婚姻的義務與責任壓力下，為了成為「好老公」、「好妻子」，始終處於一種規矩的狀態。雖然成熟得體，但是終究少了一絲真情趣與真性情，充滿了各種責任的婚姻生活，是需要一些小情調來調劑的。

錢鍾書與夫人楊絳之間的小情調之一就是寫信。兩人都不願意錯過對方的一點一滴，因此無論大事、小事，他們都願意記下來和對方分享。在那些字裡行間，兩個人互訴衷腸，談理想、幻想和憧憬，展露不為外人所熟知的那個真實的自我。我與我先生在閒暇時光會喝點小酒，彼此暢聊。我們常常在微醺的狀態裡，回憶以前的時光，暢談對未來的憧憬。那些溫潤的細節，會觸動我們每一根愉悅的神經，讓我們重返戀愛狀態。

活得有「趣」有「妙」，婚姻也會有「情」有「趣」

人生最忌死氣沉沉，當你活得有「趣」有「妙」，婚姻生活自當鮮活起來。

我和我先生，曾在茶馬古道上，伴著星月暢遊；在撒哈拉沙漠中，和著狂風和閃電對歌；在呼倫貝爾大草原，對著落日和篝火許願；在家裡的樓頂，頂著大雪翩翩跳舞……當生活的每一天都是新鮮的，過往的吸引力就不會減少，而很多人是因為自己內心少了樂趣，反過來怪婚姻無趣。

雖說夫妻是最親密關係，但我們依然是獨立的個體，所以在相處的過程中，仍然要保持界限感和分寸感，說話做事要顧及對方。很多人在婚姻裡之所以疲累，是因為常常沒有界限感，總是隨意入侵對方的生活，不尊重對方的個體獨立性，也忘記了自己可以在精神上很獨立。

總是喜歡把自己的思想強加給對方的人，會收穫失望；總是想改變對方，對對方有過高要求的人，會一次又一次地受傷。所以，**婚姻裡最好的狀態是「我是我，你是你，而兩個人走在一起，又是『我們』」**，即我們是情侶，我們是情人，我們也是朋友。

06 你給愛人最棒的回應，就是成為最好的自己

結婚十週年的時候，我和我先生把過去的合照編輯成一段Vlog並上傳到網路上，而這段Vlog瞬間獲得大家許多的愛心和讚！很多人留言祝福我們，有人留言說：「結婚十年，原來可以這樣幸福、富足和篤定。」有人留言說：「你們完美地詮釋了什麼叫幸福的婚姻。」甚至有人說這段影片讓他看得熱淚盈眶：「原來好的婚姻會讓人的狀態越來越好，而不是讓人越來越老。」其中有個離異單身媽媽的提問讓我印象深刻，他問：「如何才能像你這樣，找到稱心如意的另一半？」

這些年向我問這樣類似問題的人並不在少數，在大多數人的眼中，擁有一段幸福親密關係的關鍵是要找到稱心如意的另一半，因此很多人不停地找，希望「有一天他會在一個萬眾矚目的情況下出現，身披金甲聖衣，腳踏七彩祥雲來娶我」，在我看來，這樣的做法本末倒置了。

一個人不是因為擁有稱心如意的另一半才能擁有幸福美滿的親密關係，而是因為擁有一個最好的自己，才能吸引稱心如意的另一半，並擁有一段美好的親密關係。

我記得青春期時，曾無意中看過一段關於作家鐵凝的採訪。鐵凝三十多歲的時候，有次見到冰心，冰心問他：「女孩，成家了沒有？」鐵凝回答道：「沒有。」冰心告訴鐵凝：「嗯，不要找，要等。」

「不要找，要等」這句話一直在我的腦海中揮之不去。那時的我，對感情和婚姻還沒有深刻的理解，卻憑直覺領會到：「**不要刻意去找稱心如意的人，而是等你成為那個稱心如意的自己時，那個稱心如意的人自然會出現。**」所以現在被身邊的好友問到關於幸福婚姻的經營之道時，我總覺得沒什麼太多的經驗可分享，因為真正的愛，其實就像呼吸一樣簡單，簡單到你只需要做一件事就好，那就是做最好的自己！

「拯救型、犧牲型」，讓你感覺到累的就不行

因為平時向我諮詢感情問題的朋友很多，我在回覆的過程中總結了一個「如何判斷一段親密關係品質」的小方法。這個方法很簡單，一學就會，那就是看看一個人在

親密關係中的變化：是變得更好看了、更快樂開心了，還是變得更累、更疲憊不堪了。我經常跟身邊的朋友分享，一個人在親密關係中過得好不好，不用聽他怎麼說，只需要看看他的臉就知道了。

有一次，我偶遇一位老朋友，我們年紀相仿，步調也一致——差不多的年齡結婚生子。幾年不見，我見到他時竟有些恍惚，眼前的他，臉上被一層濃濃的憔悴感所籠罩，整個人全身上下都彌漫著一種暮氣沉沉的感覺，全然沒有幾年前朝氣昂揚的模樣。

我們聊起最近幾年的生活變化，他的言語之間全是圍繞著家庭、老公和孩子。他說他犧牲了自己的時間和精力，家裡大大小小、裡裡外外的事情全部都是他自己一個人在操辦，全身心都在老公和孩子身上，把自己累得半死，結果家人沒有一個人領情，他說的話也沒人聽，完全吃力不討好。

這位老朋友屬於親密關係中常見的「犧牲型」的人，為了照顧家庭犧牲自己，正如他自己所說，「自己累得半死還不算，還得不到家人的認可」。這樣的付出，在中國式親密關係中並不少見，除了累人，還消耗人的能量，久而久之，一個人的光彩就會在付出中，消失殆盡。

在親密關係中，累人的除了「犧牲型」，還有「拯救型」。我認識多年的一位創業女CEO分享了自己經歷過一段身心俱疲的戀愛經歷，在那段親密關係中，他扮演的就是一位「拯救者」的角色。那幾年，他跟一位有抑鬱症的男生交往。在這位男生面前，他的「聖母心」就會氾濫，一心想把他從抑鬱的狀態中拉出來，想要用自己的愛去拯救他！用他的話來說，那幾年他全身心撲在對方身上，想讓對方變得好起來，但是對方抑鬱的情緒像一個無底黑洞，不停吸他的能量，那段戀情的最終結果是他的能量被消耗殆盡。

遇見更好的自己，才能遇見更好的人

我曾跟很多人一樣，在親密關係中扮演過「犧牲者」和「拯救者」的角色。我一度想透過犧牲自我來拯救對方，那時的我以為這是一種「偉大」的付出，現在回頭來看，當初那個「犧牲型」的我，背後隱藏著深深的「不配得感」，覺得靠自己，不配成功、不配獲得自己想要的未來，於是把自己依附在另一半身上，期待透過男人來實現夢想。當我使出全身的力氣想要改造對方的時候，親密關係卻變得越來越糟，糟糕到最後，我連改變對方的力氣都被消耗光了。

當我沒有力氣再去犧牲自己、改變對方時，我轉而把所有能量用在自己身上，把所有時間都拿來做自己想做的事情，把所有精力都用來追求自己的夢想，神奇的事發生了——那個曾被我視為不完美的老公，變成了完美老公。老公還是同一個，但在這個過程中，變化的是我自己，因為只有遇見更好的自己，才會遇見更好的另一半。

結婚十年，我曾無數次想像過用浪漫、隆重的儀式來慶祝十週年這個日子，但是當紀念日真的到來的時候，我們卻如同過去三千六百五十二個尋常日子一般，一起吃飯、散步、聊天、陪伴孩子，內心卻無比豐盛和滿足。

我先生在那一天寫下這段文字：「結婚十週年，沒有浪漫瞬間，也沒有儀式感，只有平淡與真實，包容與尊重。」看著他的文字，那一刻我真切地感受到，**當你允許自己成為自己，你也會允許所愛之人成為他自己；當你成為最好的自己，不在一起時，我們是最好的個人；在一起時，我們便是最好的愛人。**

當你成為最好的自己，可以照顧好自己，不依賴對方，不向對方索取，不斤斤計較，不抱怨，不指責，愛便會回歸到最純粹的模樣，像呼吸一樣簡單、輕鬆，時時刻刻充盈在我們身邊。每一個平凡時刻，都是值得我們回味的幸福時刻。

我總是建議我的女性朋友，把所有的能量都用來發展自我——閱讀學習，內修心；運動健身，外修形。當我們把所有的能量都用來滋養自己，不損耗、內耗時，我們會由內而外地呈現出健康的狀態。

作家馮唐說：「身體、智識、情感、神靈，全面健康的女生最美麗。」真的，如果你見過健康的女性身上那種蓬勃昂揚的朝氣，就會被這份健康之美所吸引。只有這樣的女性，在親密關係裡，才更有魅力。

在我結婚十週年的 Vlog 影片底下，有一位名叫「愛滿自溢」的粉絲留言獲得無數的讚，他寫道：「我也結婚十週年了，兩個女兒，在遇見你之前跟丈夫冷戰是家常便飯，後來認識你，聽了你的建議，把所有的能量用來發展自我之後，我和丈夫之間的冷戰就開始慢慢減少，到如今已經跟你一樣幸福了！非常感謝你！」

我很喜歡這一段話，想把它送給每一個渴望幸福的女生：「不害怕被拋棄，才能活得隨心所欲；不纏著別人要求保障，伴侶才能在沒有負擔的狀況下，回應我們的愛。」

人生很長，你會發現，依靠別人，始終是場賭博。而讓自己成為最好的自己，是對自己、也是對愛人最好的回應。

PART 5

當一個快樂且堅毅的職場媽媽

01　家長無為，孩子才有為

在跟大寶玩躲貓貓的時候，我躲起來讓他來找我。我和他玩過很多次了，每次他都會找到一些不一樣的新花樣，比如這一次，他一邊找我一邊即興編詞編曲，把整個尋找的過程全都唱了出來：「媽媽媽媽在哪裡，媽媽媽媽不見啦，這裡也沒找到他，那裡也沒看見他，媽媽媽媽在這裡，喵喵喵！」

他創作歌曲的這個舉動讓我感到驚喜，遊戲結束時，我把他抱在懷裡說：「天啊，你會自己創作歌曲啦，你真的太棒啦！你是一個幸運男孩。」接著，我拉著他開始數數。到目前為止，他的「才能庫」裡，擁有的技能有畫畫、踢球、拍照、跑步、騎馬、英語交流、創作歌曲、主持、堆積木、騎自行車、玩遊戲、講故事。他不僅有很強的領導力，審美力也很好，許多人誇讚他身上的衣服搭配得真好，都是他自己挑選的。

在我的眼裡，他就像一個寶藏，我就是開採寶藏的那個人。我一邊等待一邊觀察，一點一滴地記錄下他現有的寶藏，不斷地告訴他屬於他的寶藏有哪些，幫助他發現或發揮自己的天賦。在這個過程中，我享受這一份無為的過程。

「為學日益，為道日損。損之又損，以至於無為。無為而無不為。取天下常以無事，及其有事，不足以取天下。」這是老子在《道德經》裡的一段話，大意是追求知識的學生注重每天多學一些，追求道的學生注重每天失去一些。在我看來，養育孩子的過程就是「為道日損」——追求道，**不斷地脫掉那些無關緊要的部分，直到剩下孩子本性中最重要的事情**。

我曾經看到一位非常棒的繪畫老師說過：「好老師從不教畫畫，而是去發現和挖掘另外一個生命體本來就有的東西，鼓勵他盡情地表達出來。」如同米開朗基羅雕刻大衛一般，有人曾經問他是怎麼把大衛雕得這麼好，米開朗基羅回答道：「大衛本來就在這塊石頭裡，我只是把不是大衛的部分去掉，剩下的就是大衛了。」

我就是米開朗基羅，而大寶就是我的大衛，我一點點地幫他去除掉不屬於他的部分，剩下的就是他本性中最重要的部分了。養育孩子之所以能讓我處在輕鬆不費力的狀態，就是這個原因——無為比有為，四兩撥千斤，但是也有很多家長在用盡全力讓原本是天才的孩子泯然眾人。

什麼樣的人才是天才？在《純真》一書中，靈修大師奧修寫道：「天才是不允許社會把自己簡化成機器人的人，這是我對天才的定義。**每個人生來都是天才，但是人們很快就妥協了，而當他們妥協的時候，他們的天分也就消失了，他們的聰慧也就死亡了。**」

在一些家長心中，聽話成為孩子優秀的唯一標準。家長們不顧孩子內心的真實想法讓孩子去學自己不喜歡的各種才藝班，慢慢地，孩子將自己的選擇權通通交付給別人，再也聽不見自己的聲音。

當孩子開始變得順從和無條件聽話的時候，就是一個天才泯然眾人的開始。當家長過度有為的干涉和掌控一個新生命的自然成長時，孩子的天分就會被扼殺，這不是讓孩子「贏在起跑線上」的教育，而是讓孩子「輸在起跑線上」的教育。

《好媽媽勝過好老師》的作者、教育專家尹建莉說：「無為不是一種技巧，更不是不作為，它是一種境界。當下從家庭到學校，都是做得太多而不是太少，這導致下一代作為一個獨立生命贏取的機會反而減少。無為是最高的作為，練的內功是謙卑、智慧和慈愛，誰領悟了這份簡單，誰將成為教育的贏家。」

家長的無為並不是對孩子不作為，而是對孩子的生命抱著謙卑和敬畏的態度，盡量多去看見孩子生命中原本就有的閃光點，發現、挖掘以及培育，引導孩子走上屬於自己的天命之路。

盡可能多創造機會，帶孩子欣賞最頂尖的藝術品或最璀璨的文化

我在UP讀書會的分享中經常會說，如果可以，一定要讓自己或者孩子有機會去跟最頂尖的老師學習；如果有機會，一定要讓自己帶孩子去博物館或者藝術館欣賞最頂尖的藝術展品或者那些最璀璨的文化，因為**最頂尖的人、事、物的本質都是相通的——無為帶來強大之美的力量**。

在《紅樓夢》中，薛蟠走後，香菱搬到大觀園和薛寶釵一起居住。香菱酷愛詩歌，借此機會便拜林黛玉為師，學習作詩。在黛玉的指引下，香菱作詩的功夫大有長進，而黛玉是如何教香菱作詩的呢？

香菱笑道：「我只愛陸放翁的詩『重簾不捲留香久，古硯微凹聚墨多』，說的真有趣！」林黛玉道：「斷不可學這樣的詩。你們因不知詩，所以見了這淺近的就愛，

一入了這個格局，再學不出來的。你只聽我說，你若真心要學，我這裡有《王摩詰全集》，你且把他的五言律讀一百首，細心揣摩透熟了，然後再讀一、二百首老杜的七言律，次再李青蓮的七言絕句讀一、二百首。肚子裡先有了這三個人做了底子，然後再把陶淵明、應、謝、阮、庾、鮑等人的一看。你又是一個極聰敏伶俐的人，不用一年的工夫，不愁不是詩翁了！」

只此短短幾句話，就足以證明黛玉是一個頂尖的高手和老師，他不教人用什麼樣的技法寫詩，不糾結於技法的細枝末節，而是直接幫香菱用最頂尖的詩詞滋養自己，搭建大格局，站在巨人的肩膀上。頂尖的老師最厲害的地方是瞭解學科的脈絡和內在本質，一出手就把學生引向本質規律，絕不浪費在細枝末節上糾纏不清，空耗學生創作的熱情能量。

作為家長，如果能遇到這樣的頂尖老師，就要堅決不放過，讓孩子隨之拜師學習，這是家長和孩子一生的幸運。如果沒有遇到這樣的老師，那作為家長就要學會創造條件，多帶孩子去參觀博物館、藝術館、歷史遺跡等，讓他們去看世界上那些璀璨耀眼的頂級文化。

這些地方存有一流的藝術品，穿越時空流傳至今，攜帶著創作者創作時那無為的頻率。怎麼形容這種無為的創作狀態呢？我用歌手約翰・藍儂的一段話來回答：「真正的音樂，是來自宇宙的音樂，是超越人們理解的音樂。當它們走到我心中的時候，它們與我本人無關，因為我僅僅是一條通道。」

當我們駐足欣賞這些偉大的藝術文化時，我們不僅跟創作者連結，更重要的是透過創作者這個管道，將我們與天地萬物連結在一起，從而通往更大的存在。人能常清淨，天地悉皆歸，只要我們不干擾孩子，讓他們保持如湖水面般的清晰寧靜，天地萬物的力量就會源源不斷地回到他們的內在，他們的內在有一股如同盤古開天闢地時的洪荒之力，源源不斷地流淌出來。一個鮮活有力量的生命，就在此自然地發生、生長。

02 這五句話，會成為孩子的新世界

最近我家大寶的繪畫興趣大增，我便引導他鞏固這個興趣。與其說是培養他的興趣，不如說是透過興趣去塑造他的語言系統。

很多時候，我們都低估了語言的力量，那些真正瞭解語言力量的人，會對自己所說的話非常小心。只要觀察語言所造成的反應，我們就會明白，語言不會「空轉而回」。**每個人都在用自己所說的話建立自己的法則**，對孩子而言，也是如此。孩子從家長身上學會的每一個詞彙，都在塑造他的世界。

「我們來創作吧！」——點燃孩子的生命力

在我發現大寶喜歡畫畫之後，我就有意識地對他說：「我們來創作吧！」我希望能培養他無中生有的創造力。在這之前，他畫畫喜歡模仿，如果眼前沒有參考的畫作，他就會說：「我不會畫。」

根據美國心理學家大衛．霍金斯博士的能量層級理論，同樣一件事會因為做事的人本身所具有的頻率不同，所帶來的結果就會不同。如果孩子從小就習慣跟在別人後面模仿，那長大後也很難擺脫模仿的習性，習慣跟隨別人而不是引領和創造。

習慣模仿的人，思維模型是跟隨別人的，而習慣創造的人，思維模型是自我引領。腦海中看不見的思維模型會導致人們產生不一樣的價值觀，帶給人們不一樣的命運，這就是我為什麼看重孩子創造力的原因。

當我的孩子產生畏難情緒而想要模仿畫畫時，我就跟他說：「我們來創造一幅畫吧！不用去模仿別人，自己想畫什麼就畫什麼，一樣可以畫得很棒的！」這些語言，我說得多了，慢慢地就潛移默化種在了他的心田。他開始隨心所欲地畫畫，把所有的情緒和小腦袋瓜中的想像都付諸筆端，心裡有什麼就畫什麼，下筆時一心一意，旁若無物，下筆果斷。

當他不再以外在的標準作為自己的標準，而是與自己的內心在一起時，內心的愛與熱情成為了他的唯一標準，炙熱的情感付諸筆端，生命被表達，於是生命就有了力量，直擊人心。這瞬間，他就成了一位藝術家。

畫家木心說：「偉大的藝術家是飛鳥、天鵝、老鷹，不看指南，飛就是。」「我們來創作吧」這句話的背後，是讓孩子學會調用他鮮活的生命力，讓創作力從心出發，猶如噴泉一般，在自己的生命畫布上不斷湧現。

「你是個天才！你在這個方面很有天賦！」——挖掘孩子的天賦力

天賦力是生命力的表達。我家小孩畫完畫之後，總喜歡拿著他的作品問我畫得怎麼樣。我會認真地看著他的畫，然後非常肯定地告訴他：「哇！你是個天才！你在這個方面很有天賦！」每次得到這樣的回應，他就會很開心，繼續開心地畫畫。

身為家長，真正「看見」孩子是一件很重要的事情。這個看見指的是你能發現孩子身上的潛能，然後好好引導和呵護，而這份潛能就是孩子與生俱來的天賦力。

「你靈魂裡有生命的力量，探尋那生命吧。你身體的礦山裡有寶石，探尋那礦山吧。喔，旅者，你若在找它，不要往外看，要往自己裡面看，然後尋到。」

當孩子展現出對某件事情的熱愛時，請你看見它，然後好好呵護、引導，因為天賦力的背後潛藏著一股強大的力量——內在驅動力。

一個人做一件事的動機無非是兩種，一種是內在驅動力，一種是外在驅動力。內在驅動力是來自於內心「非做不可，不做就難受」的飽滿熱情和渴望，外在驅動力是來自於外在的監督或要求，我們應該而且必須做這件事，這兩者出發點不同，最終到達的終點也不一樣。世界上獲得卓越成就的成功人士都是靠著內在驅動一往無前，直達巔峰的，因此我希望借由孩子的天賦力，讓他的內在驅動力指引著他，攀上人生的巔峰。

「用天賦創造財富」——從小培養孩子的財商力

天賦力是財富力的起源。我的原生家庭告訴我，如果想要賺錢就要好好工作。很多同齡人也跟我一樣，從小接受著類似的觀念長大，為了找到有前途的工作，很多人會捨棄自己的興趣和喜好。

世界上有沒有魚與熊掌兼得的事情？有，用天賦創造財富！一邊做自己喜歡做的事情，一邊源源不斷地創造財富。世界上那些有著巨大財富的優秀人士都是用自己的天賦在創造財富並為世界服務，簡單來說，就是把喜歡的事情拿來當飯吃。

我告訴我家小孩說：「你可以把你畫得很好的作品賣出去，這叫用天賦創造財富。」他記住了這句話。有一天我下班回家，他告訴我他開了一個畫展，希望我能買他的畫。我看了這位小藝術家的畫展，辦得真不錯，而且每一幅畫都明碼標價，我從中挑了兩幅畫並買了下來。

他說，他在沙灘公園看見了一輛房車，覺得很威武，車上有房間、床，還有電視機和廚房，他想要買一輛房車，所以就用畫畫賺錢和存錢。他還很認真告訴我：「媽媽，我是用天賦創造財富。」我點了點頭，給他一個大大的讚，真棒！

有一天，他又創作了一副新的繪畫作品〈五顏六色的毛毛蟲〉，我把這幅畫分享在社群，一位深圳的朋友看到之後非常喜歡這幅畫，決定花錢買下，作為收藏。他告訴我：「每一個小朋友的夢想都值得被看見。」

告訴孩子，他們的天賦不但會讓自己開心、愉悅，也會滋養別人。「**做滋養自己的事情，同時又能滋養和幫助到別人，這就是商業的良性循環**」，也就是「用天賦創造財富」。

「我們來想個辦法吧！」——培養孩子解決問題的能力

大寶遇到問題向我們求助的時候，我們會用一句話來引導他：「我們來想個辦法吧！」這句話很有魔力，可以開啟孩子解決問題的能力。我們說得多了，他也就把這句話當作了自己的口頭禪：「讓我們來想個辦法吧！」基本上他說出這句話沒多久，就能找到解決問題的辦法。

家長經常會遇到孩子開口說要買玩具的時候，我建議大家可以多用這句話，和孩子一起多思考除了花錢買玩具，還有沒有其他的解決辦法。

我家大寶喜歡超人力霸王，經常要買它的玩具，可是家裡已經有很多超人力霸王系列的玩具了，怎麼辦呢？我就跟他說：「我們來想個辦法吧，看看有沒有不花錢就能有超人力霸王的方法。」**好的問題，會帶來好的答案**。這個問題一提出來，我們就找到了比花錢買玩具更好的方法，那就是在沙堆上堆出一個獨一無二、超級無敵的超人力霸王。

「我們來想個辦法吧。」一旦孩子學會了這句話，孩子就成為了解決問題的小能手。有一次，他想要買書，我就問他：「除了我付錢幫你買書之外，還有沒有其他的方法呢？我們來想個辦法吧。」

我們一起想了一個好主意——賣掉家裡的舊繪本，把賣舊書的錢用來買新書。說做就做，我們立刻行動了，到目前為止我們已經賣了三次舊繪本，賺了五十人民幣，我就用他賣繪本的這些錢買了新繪本回來。

多對孩子說這句話，幫助孩子培養解決問題的能力。

「先存後用」——培養孩子的存錢能力

當孩子學會用天賦力和解決問題的能力創造財富的時候，家長就需要及時培養孩子的存錢能力。

有一天，大寶打算把他的某一幅畫作用兩元人民幣的價格賣出去，再用這兩元去買壽司。聽到這句話，我眉頭一皺——這句話極其平常，可是仔細一想，又發現有點不太對。我靜下來思考了一下，這句看似極其平常的話的背後，印證了《財富自由之路》這本書裡提到的觀念：「**有人賺錢的目的是為了花錢，所以一旦手裡有了錢，就想著要怎麼花出去。**」

小孩是父母的一面鏡子，他之所以這樣說，一定是因為平時我們在談話中，對彼此或者對他說了這樣的話，讓他覺得有了錢，我們就可以買某樣東西了。看似極其平常的一句話，其實在孩子的生命中種下了一顆不怎麼好的種子——賺來的錢，就是要用來花掉的。

富人思維是先存後用，帥健翔老師在他的《自我時代，優勢練習》裡寫到，他從使用第一筆錢開始就被母親告知先存後用，小到一個紅包，大到其他收入，只要是錢，拿到手的那一瞬間，他的本能反應就是存錢，於是小錢就存成了越來越多的錢，最後這些錢可以集中力量幹大事。看看身邊數不勝數的例子，錢一到手就花得所剩無幾，所有的力量都被分散耗盡，人生做出大成績的機率就會被降低。

你有沒有對孩子說過「有了錢就能買你想要的玩具了」這句話呢？下次開口說這句話之前，你不妨對孩子說：「我們有了錢，先存後用。」父母的覺知，也許就能替孩子斬斷一次命運舊有的輪迴。

我們回老家過節的時候，大寶收到親戚給他的紅包之後立刻把錢給我，問我：「媽媽，我們有了錢後，第一件事情是要做什麼？」我故意裝作不知道，反問他：「是要做什麼呀？」他得意地說：「存起來呀！」我心中一喜，原來他一直記得我說的

「有錢後先存後用」，然後我繼續跟他說：「你真棒，我們有錢的第一件事就是存錢，這樣以後就會有越來越多的錢。」

我把紅包裡面的錢拿出來，讓他親自數一數、摸一摸，再讓他把錢放進存錢盒裡，讓他體驗「金錢越存越多」的真實感受。最後，我又問了他一個問題：「你知道為什麼大家都給你紅包嗎？」他搖搖頭，我說：「因為大家都愛你呀，就像我們去別的親戚家也會給他們紅包，是因為我們愛他們。那你把這些紅包錢存起來，越存越多，等你長大了，你也有錢可以給別人紅包來表達你的愛啦！」

存錢的最終目的，並不只是為了存更多的錢，而是讓我們有更多的能力做更大的事情，向這個世界表達我們的愛意。

「我的語言的界限就是我的宇宙的界限。」

釋放孩子的生命力，從各種鮮活的表達中看見孩子的天賦力，再從天賦力中培養孩子的財富力，在創造財富的過程中有意識引導孩子提升解決問題的能力，以及不斷累積財富的知識和能力，這就是以下五句話背後的魔力：

「我們一起來創作吧！」

「哇，你是個天才！你在這個方面很有天賦！」

「用天賦創造財富。」
「我們來想個辦法吧！」
「先存後用。」
不妨試著對孩子多說說這幾句話，孩子每學會一個新詞彙，都會拼湊成他的新世界。

03 從任正非身上學到的親子方法論

我是任正非的忠實粉絲，所以經常研究他的採訪內容。在這些採訪內容的字裡行間，我被他的大格局、大視野和大胸懷所深深震撼。如果說華為是一個孩子，那任正非就是它的父親，正是任正非那少人企及的格局和遠見，才能讓華為這個孩子一步步從中國走到了全世界。

望子成龍、望女成鳳是很多父母的共同心願，為了實現這個願望，很多父母卯足全力送孩子去上名校、上才藝班，希望孩子贏在起跑線上。人類史上的財富巨頭約翰·洛克菲勒在寫給兒子的38封信裡面對兒子說，在你很小的時候，我就把你帶在身邊，是希望給你一個更高的起點。

洛克菲勒知道，**父母才是孩子真正的起跑線**，而真正明白這個道理的父母會不斷地提升自我格局和視野，借此讓孩子站在自己的肩膀上，去看見更廣大的世界。這樣的父母會帶給他們的孩子終其一生的運勢——父母運，因為這些父母會透過日常踐行把價值觀點點滴滴滲透到孩子的生命中，在孩子成長的過程中，如春天的暖風和夜裡的星空，幫助孩子舒展生命的力量。

擁有高格局的父母能給予孩子好的父母運

作為家長，我們可以借鑑、學習任正非這位父親在引領他的孩子華為成長的道路上所表達的「親子教育」理念，給予孩子更強大的父母運。

華為能從一個默默無聞的小企業成長為中國民營企業的標竿有很多因素，其中最突出的就是「人才戰略」。任正非在對待「人」的這方面非常睿智和從容，他曾經說過：「**所有一切失去了，不能失去的是人，人的素質、人的技能、人的信心很重要。**」正因為他對「人」有著高度重視，才讓華為在成長的路上始終自信滿滿。

在讀書會裡，有一個媽媽說，孩子在準備期中考，但是成績並不好，讓他很擔憂，而這種擔憂已經嚴重影響到他和孩子的親子關係，甚至影響到孩子的自信，孩子過得很不開心，於是他來找我諮詢。

我說，**媽媽的擔憂對孩子來說其實是一種詛咒**，與其擔憂，不如選擇信任、支持和祝福孩子，因為擔憂會讓彼此之間的距離越來越遠，最終積少成多，甚至有可能成為壓垮駱駝的最後一根稻草。相反，如果他給予孩子無條件的信任、支援和祝福，就算他在努力過後的成績還是不好，至少他還保有對媽媽的信心，而這份信心足以讓他在自己的生命道路上披荊斬棘。

這位媽媽照著我的話做了，從擔憂模式轉化到信任孩子的模式，後來他傳訊息跟我說，孩子馬上就要期中考了，謝謝你陪我度過了生命中最艱難的時刻。

如同任正非培育華為，我們在培育孩子的過程中，要清醒地知道，什麼是最重要的——孩子的信心是最重要的！**只要孩子對自己有信心，那一切都可以借助這份信心，被創造出來。**

天賦教育，讓孩子勇敢做自己

任正非曾說：「我就是最典型的，就是短板不行。我只做長我這塊板，再拼一塊別人的長板，拼起來不就是一個高桶了，為什麼要把自己變成一個完整、完美的人？

完美的人就是沒用的人，我們公司從來不用完人。」

前段時間，我在微博上看到一則新聞，某小學的一位男同學愛極了烹飪，喜歡看國內、外的烹飪節目和雜誌，每天幫下班回到家的爸媽煮特別美味的飯菜，夢想成為一位頂級的烹飪家，但是他的成績不好，讓爸媽極度擔憂，認為成績最重要，甚至找了學校的輔導老師，希望老師能輔導孩子的觀念。

如果是在以前，我有這樣的孩子，那我肯定也會採取跟他爸媽一樣的行為，為孩子感到擔憂，甚至使出全身力氣把孩子「掰」正。現在的我不會做這樣的選擇，因為我知道這樣做只會讓世界多一個平庸的普通人，而少了一個極具天賦的頂級烹飪天才。

任正非說，只做自己的長板，不做短板。他一生踐行的就是天賦教育，而一個人的天賦就隱藏在自身擅長的事情裡。作為家長，只要稍加觀察就可以幫助孩子在童年時期發現他們的天賦、愛好，然後在行為上給予支持和引導，讓孩子可以持續喜歡他的興趣、愛好。當別人還在為選什麼科系和工作而苦惱的時候，那些早早就明確知道自身愛好的人已經找準賽道，為自己努力，享受極大的滿足和快樂。

「能夠在很小的時候就找到一輩子的興趣，能夠把興趣當作職業，且該職業的市

場需求很大、薪水高，能夠在職業中找到自己存在的價值，能夠做出突破研究的人，是極其幸運的。」

做自己的長板，短板就交給那些擅長的人去做吧。

父母的大愛是讓孩子「家裡有礦」

任正非在一次採訪中說道：「我們要幫我們的朋友有良好的業績，我們要和全世界的供應商做好朋友。」從這麼簡單的一句話，就可看出任正非的心胸格局。

人的一生會經歷四個不同的階段：

1. I'm not ok, and you're not ok.（我不好，你也不好）
2. I'm not ok, and you're ok.（我不好，你很好）
3. I'm ok, and you're not ok.（我很好，你不好）
4. I'm ok, and you're ok.（我很好，你也很好）

在孩子很小的時候，面對這個被大人們占領和主導的世界，他們基本上都是第一種階段——我錯了，你們也都錯了，而當面對家長和老師的時候，孩子經常面對的窘境是——我錯了，你們都是對的。

在孩子小的時候，世界是一種感覺，這種感覺無法被描述，只能被接受，然後變成一生的底色和底層代碼，所以很多人如果沒有更有智慧的父母指引，很可能終其一生都在前面三個階段穿梭。大多數的人都無法進入第四個階段——我很好，你也很好，我們都很好，因為很多人都處於「見不得別人好」。

孩子的父母應當讓自己擁有任正非的心胸格局，告訴孩子：「**我們不但要自己好，也要去祝福、支持和幫助別人，我們一起越來越好。**」文明社會的財富有很多種，但是這種大愛是最稀缺、貴重的，而那些能在年幼時接受父母這樣愛的教育的孩子，這才是真正的家裡有「礦」！

讓孩子成長得更好的捷徑就是找到一個好的老師，作為父母，我們應該不斷提升自我格局和胸懷，給孩子做好榜樣；為師表，我們也可以帶著孩子向這個世界卓越的老師致敬學習。一流的老師，比如任正非，他們生命的內部有智慧的結構和自然的秩序，符合「天道」，不以言語說教，傳遞情感和理智。一旦「天道」在孩子的身心種下智慧的結構和自然的秩序，孩子的一生都將散發出人性的美好光芒。

04 活成孩子所渴慕的大人

小時候，你曾想過想要早點成為大人嗎？我有。

在我想買自己喜歡的玩具，但是大人不讓我買的時候；在我想做自己想做的事情，但是大人不讓我做的時候；在我想去自己想去的地方，但是大人不讓我去的時候，那個時候，小小的我，總會在心裡想著：「等我長大變成大人就好了，等成為大人之後，我就可以自由自在、隨心所欲地做自己想做的事情了。」

在小小的孩子心中，成為大人，意味著終於可以自己做主，選擇過自己想要的生活。

曾經心心念念想成長為大人的你，現在是你想成為的大人的模樣嗎？

你活成自己想要的大人模樣了嗎？

我在選拔小主播的活動中擔任過一次評審委員，當時要面試兩百多個孩子。跟小孩子的互動是非常有趣的，童言童語，你不知道他們的答案都充滿著怎樣的趣味性，但是，一個不經意的問題，卻讓我陷入了深深的思索當中：「當大人好，還是小孩好？」

現場的孩子比較靈活，所以我問他們這個比較有趣的問題，一方面是想考驗一下孩子們的思辨能力，另一方面可以聽聽孩子們的觀點，尤其是想聽聽孩子們眼中的大人是什麼樣子的。

我以為小孩子們肯定會選擇大人，因為在與他們的互動中，通常最占主導權的往往都是大人，但是非常遺憾的，幾乎所有的小孩子無一例外都選擇了當小孩。

我很好奇，問孩子們：「當小孩的好處有哪些？」

孩子們告訴我，小孩可以盡情地玩，可以想做什麼就做什麼，可以很開心。

我又問：「那為什麼你們不想當大人呢？」

我很好奇在這些孩子眼中，大人給他們的印象是什麼。

孩子們告訴我，他們之所以不想當大人，是因為大人太忙、太累，整天都有忙不完的工作，壓力很大，需要做自己不喜歡的事情，不開心。聽到孩子們的這些答案，我的內心頗受震撼，也有些遺憾和抱歉。

遺憾的是，大多數大人也許自己都沒有想過，自己已經活成了自己年少時最討厭的樣子。每個人在小的時候，都對未來的自己有過無限的憧憬，那時的我們，憧憬的明天是怎樣的意氣風發、是怎樣的自由，反觀現在的我們，真的還是理想中的自己嗎？身為長輩，我們沒有讓孩子們看到歲月賦予大人的更多可能性和自由度，沒有完全盡到引領作用，讓孩子對我們失望了。

當所有的小孩都不想成為大人時，我們是不是應該自我反思？

成年人活出自己，是爲自己開路，也是爲孩子引路

某一個週末的晚上，我在微信上收到一個陌生媽媽傳來的訊息，大概內容是他希望大家幫他砍價，因為他的孩子想要一輛兒童平衡車（滑步車）。不用想，這一定是群發！

我很疑惑，身為一個成年人，為何會為了便宜幾十塊錢人民幣，大動干戈地群發訊息給所有人，包括像我這樣跟他原本就不熟悉的陌生朋友？這對別人來說不是一種干擾嗎？於是我好奇地問這位媽媽，這樣做難道不覺得是一種很冒昧的行為嗎？這位陌生媽媽的回覆是：「我希望透過這種方式告訴孩子，大人的世界裡沒有『容易』這兩個字。」

看到這句話，我的內心五味雜陳。一個人的說法就是一個人的做法，一個人的做法會決定一個人的活法，每個人都是在用他的語言法則建立自己的世界規則。

面對年幼的孩子，我們有很多選擇，有很多語言可以來形容我們所處的這個成人世界，幫助孩子建立他最初的世界觀，但是這位媽媽偏偏選擇了「不容易」這個帶有沉重枷鎖的詞語來幫助孩子樹立最初的世界觀。

作為成人，如果自己本身過得就不容易，那是不是可以多去外面的世界看看那些過得容易的成年人他們是怎麼做到的，然後借鑑學習，為自己所用，盡量讓自己的生活過得輕鬆容易，這樣就可以從自己這一代人的身上切斷「不容易」的命運輪迴，進入全新的增長點（Growth Point），而不是把自己不想再過得「不容易」的日子再次複製到孩子身上，讓孩子在相同的命運中再次輪迴。

面對不容易的事情，有的人繼續重複，有的人動腦筋選擇讓不容易變得容易，好比閱讀不是一件容易的事情，因為所有的學習和教育都是「逆」人性的。

好幾次，我無意中聽到家裡的長輩對我的孩子說：「爸爸、媽媽工作很辛苦，賺錢很辛苦，所以你要聽爸爸、媽媽的話，知道嗎？」我知道長輩是一片好心，但是每次我都會打斷這樣的對話，然後告訴孩子：「爸爸、媽媽工作很開心呀，我們都很享受自己的工作，而且爸爸、媽媽賺錢也不辛苦，因為我們都在做自己喜歡做的事情，做自己喜歡做的事情，是可以替自己帶來更多的財富的。」

我之所以這樣告訴孩子，是因為我不希望讓孩子將工作、賺錢與辛苦畫等號，這樣孩子會誤以為賺錢就必須很辛苦，要想賺錢，就必須去做那些自己不喜歡的事情，如果做自己喜歡做的事情就是玩物喪志。

其實世界上還有另一種輕鬆的活法，就是做自己喜歡的事情，用自己的天賦創造財富。作為大人，我們和孩子在一起的時候，應該意識到自己所說的話、所表達的觀念和所處的狀態都在潛移默化地影響著孩子。

作為大人，如果我們自己都沒辦法享受自己所做的事情，沒辦法享受自己的生活，那我們又該如何喚起孩子對他們自己未來的嚮往和期待？

作為大人，如果我們過得不好，委屈、欺騙自己，不尊重自己內心的感受，不選擇自己想要過的生活，那我們又怎麼當個榜樣，教會我們的孩子學會尊重自己內心的感受，選擇自己想要過的生活，並且對自己的決定負起百分百的責任呢？

作為大人，我們有這樣的責任和義務活出自己，為自己開路，也為孩子引路。所以，我希望以後可以聽到更多的孩子開心地告訴我：「我喜歡當小孩，也喜歡當大人。」

為了聽到這個答案，每位大人，我們要一起努力呀！

05 因為沒時間，所以才辦得到

有一位朋友最近決定要辭職，我很好奇他的決定，就問他為什麼。他說，是因為工作太忙碌了，連閱讀都變得斷斷續續，想要調整工作和狀態，留出時間去做自己喜歡做的事情。

「因為沒時間，所以沒辦法去做自己喜歡的事情。」這句話太過熟悉，熟悉到讓很多人不假思索地將其當作一個理所當然的理由，作為自己不能做所想、所喜歡之事的防護盾。不信你問問身邊的朋友或者自己，為什麼不去做自己想做的事情？看看第一時間給出的答案是不是這幾個字：沒時間。

這一點，我跟很多人擁有截然相反的觀念——因為沒有時間，所以才什麼都可以辦得到！

發現這一點，我要感謝我生完孩子成為新手媽媽的那段經歷。生孩子會成為很多人的人生分水嶺，因為在沒有孩子之前，大多數人不需要為照顧和陪伴孩子花掉自己的時間，那些空出來的休閒時光讓人感到自由自在。相反，當孩子出生之後，特別是剛出生的那幾年，這個新生命會占據我們大部分時間，讓原本自由自在的休閒時光所剩無幾。

我在所剩無幾的休閒時光中，不斷滋生出要做自己喜歡的事情的強烈願望，這個願望的強烈程度甚至遠遠超過我成為媽媽之前的所有階段。這個現象很有趣，在一個人時間充裕的時候，他會認為未來有大把的時光可以讓自己去做想做的事情，即使今天沒做，明天也可以做，即便明天不做，那後天或者大後天也可以去做，於是那些想做之事的衝勁和動力就在「明日復明日，明日何其多」的重複中，離我們越來越遙遠，直到消失不見。想到這件事時，我們的內心再也起不了任何波瀾。

相反，沒有時間雖然會引發人的焦慮和壓力，但是它也會激發一個人強烈的衝勁和動力。人有一種反抗的天性，「越不能做就越想做」，甚至在沒時間的情況下會徹底點燃一個人「非做不可」的成事心力。有了這股勁，一個人就會想方設法尋找新方法、新出路，竭盡全力地要把所想之事完成，這就是沒時間的巨大優勢。

我在沒時間的狀態下，做出了很多人在有時間的狀態下都無法完成的事情。在我分享我生二胎的消息之後，有位朋友留言道：「我的天！你是怎麼忙到起飛還能抽空生小孩的？」

原因是因為沒時間，所以才都可以做得到。

有錢有有錢的活法，沒錢有沒錢的活法；有時間有有時間的解決方法，沒時間也有沒時間的解決方法。很多人沒有意識到，前提條件不一樣，應對的方法也要隨之發生改變。

花時間去做最重要的那件事

沒時間的困境常常會逼著一個人思考，如何在有限的時間裡做取捨，這也是沒時間的一大好處，把人推到困境前，不得不思考和尋找答案。

手忙腳亂的時候，為了讓自己有喘氣的時間，我開始問自己的一個問題：「在工作、生活、夫妻關係、親子關係中，最重要的那件事是什麼？」大家都可以在準備做事之前，問問這個好問題，因為好問題會帶來好答案，好答案會讓我們事半功倍。是不是做好這件最重要的事，就可以勝過做無數件事？找到最重要的那件事，然後盡可能把時間花在這件事上，不斷在這件事上做出更多的成果，以此為槓桿，就能以一敵百。

很多年前，我每天都處於超負荷工作運轉的狀態，忙到沒有時間停下來思考這個問題。有一次我的主管找我，問我最近工作怎麼樣，那時我的工作經常需要在外面跑來跑去，非常辛苦，我就跟主管說：「這段時間工作是挺辛苦的，但是還能熬得住。」我心裡美美地想，雖然辛苦，但是也被上司看見了，花了這麼多時間，那也是值得的，可是上司接下來說的話讓我沉思：「可是最近你負責的這些節目收視率都不怎麼好呀。」

說實話，當時聽到這番話時，我覺得自己有莫大的委屈，這種委屈來自「明明自己付出了那麼多，你怎麼都看不到，還責備我」的慣性思維，當時我完全可以順著這種慣性思維心生抱怨，但是在那一刻，過往所看過的書讓我在大腦按下了暫停鍵，阻隔了抱怨和委屈，保有一份理性去思考：如何不再讓自己花費了這麼多時間做事情之後還吃力不討好。

在層層反問之中，我清晰地看到，在我的這份工作中，最重要的事情就是製作收視率高的節目。做好這一件事，就勝過做其他一百件事，可以節省出大量時間。從那以後，我就集中精力做好這一件事情，有了這個標準後，很多事情該不該做，該花多少時間去做，一目了然。

同理可證，在親密關係和親子關係中，最重要的那件事是什麼？多年的經驗告訴我，那就是集中力量發展自己，並且支持和欣賞對方，只要做好這兩件事，就勝過在親密和親子關係中做一百件事。相反，很多人做了一百件事，都沒有做到最重要的這件事，不但自己辛苦、心累不說，還得不到家人的支持和認可，很多時候被一種「明明付出了這麼多，為什麼卻得不到回應」的委屈感籠罩，落得一個吃力不討好的結果。

從一個人到一群人

生活工作中，我們大多數人都太容易習慣於靠自己一個人的力量來解決所有的問題，從而獲取一種「我的能力很強」的個人英雄主義情愫。這種慣性思維的方式容易讓人陷入沒時間的困境，但是**當一個人在沒時間的困境中，學會承認自己的能力有限，開始向外尋求幫助，眼前就會有一條更廣闊的路朝他緩緩展開。**

幾年前，我剛開始創辦屬於自己的讀書會社群，那時從招生、文案、客服、分享等所有事情，統統都出自我一人之手。有一次，我在跟我一位良師益友聊起這些自己所做之事，聊完之後我內心有一種「看我很厲害吧！」的小驕傲，但是驕傲的尾巴還沒翹起來，這位朋友的一番話立刻讓我清醒：「**一個人就能做完一件事情，或許只是這件事足夠小，而不是自己能力足夠大。**」

當我們為自己能夠憑一己之力解決所有問題而揚揚自得的時候，其實從另一個角度說明我們所做之事還不夠大。當我們的一己之力沒辦法一一處理那麼多問題，而出現時間不夠的狀況時，從另一個角度來說，我們正在「做大事」呀！

一個好漢三個幫，做大事之人，身邊必須要有同盟和合夥人，從一個人的力量到團結一切可以團結的力量，透過合作變成共同體，大家一起共同努力，從而釋放出更大的能量。

任何一個困境都是來幫助我們升級的，遇到沒時間的困境就是要告訴我們，是時候團結一切力量，「從一個人到一群人」，打造個人時間系統，而不僅僅是想方設法從自己身上壓榨時間。

好幾次我分享自己除去上班之外，每天必做的三件功課分別是閱讀、寫作和運動，經常會有媽媽留言問我：「你不用帶孩子嗎？」我的回答是：「我要啊。」只是相比大多數媽媽而言，我帶孩子的時間真的還挺少的。

為什麼？因為我有幫手呀，家裡的婆婆、老公都會帶孩子，於是很多媽媽得出了這個結論：「難怪了，他有這麼多人幫忙帶孩子，我沒人幫忙帶！」然後大家就繼續邊工作邊帶孩子。

很多人羨慕我，但是從來沒有一個人問我：「你老公為什麼願意帶孩子？」這個才是最應該問的問題，因為這涉及一個女人如何在家庭中團結一切可以團結的力量，建立合夥同盟的統一育兒戰線，把自己從有限的時間裡解放出來。

「你老公為什麼願意帶孩子？」這個問題實際上是說，**如何讓你的合作者願意與你一起合作，完成共同的目標，成為彼此的夢想合夥人**。

很多媽媽抱怨老公不願意帶孩子，導致自己一個人白天上班，晚上下班之後還要照顧全家上下。有一次，有一位媽媽在群組裡抱怨老公不會帶孩子，還不如自己帶的時候，我讓他說說他的老公是怎麼帶孩子的。這位媽媽告訴我，他老公帶孩子在家裡打遊戲，讓他氣炸了，當著孩子的面把老公狠狠地訓了一頓，老公當下生氣地說：「那你以後自己帶孩子吧。」

當時我開玩笑地跟這位媽媽說：「你這是跟自己的合作者撕破臉了呀。」既然是合作，那最重要的就不是爭對錯，而是善於運用彼此的差異性，創造出更大的價值，而不是因為彼此的差異堵死了合作的可能性。

比如，老公喜歡帶孩子在家裡打遊戲，這種親子陪伴方式正好彌補了媽媽帶孩子時不曾體驗過的刺激和極速反應，如果媽媽看到這一點，在孩子面前大大肯定老公的做法，還會讓老公產生滿滿的成就感，願意花更多的時間來帶孩子。對這位媽媽而言，在育兒戰線上，就多了一位夢想合夥人。

找到你的私人顧問團

在大事之上，要團結更多的夢想合夥人，共同追逐夢想之事。工作生活中的一些事情，可以考慮花錢找專業人員，一方面可以享受專業服務，另一方面可以大大節省自己的時間。

大家都知道，女生都喜歡買衣服，雖然說現在大家都不用出門逛街，只要在家網購就可以了，但是網購也超級花費時間。點來點去，很有可能我們挑花了眼睛，到最後什麼都沒選到，甚至買回來之後，穿在身上還覺得不合適，又要退、換貨，就會浪費很多的時間，有時候買不到合適的衣服，還會影響到自己的心情，心力和時間都是一筆看不見的花銷。

我在偶然的機會下，認識了一位形象設計師，並跟他成了好朋友，我就把自己每個季度所需要的服裝和出席各種場合要穿的服裝需求統統交給他。他用自身多年專業的審美眼光幫我挑選出適合我的服裝，絲毫不會出錯，只會讓我更出彩，幫我節省了大量的時間和心力。

除了在生活中運用這些借力省時的方法之外，我們還可以在成長上運用這個方法。我這幾年付費找了一位老師作為自己的個人成長私人顧問，每年我們都會進行詳細的溝通。每當遇到問題、設定自己的願景、執行具體的步驟時，我都會跟自己的成長私人顧問諮詢，這樣最大的一個好處就是**獲得高人指路，節省成長路上試錯的時間，讓自己的成長可以更迅速，少走幾年的彎路。**

如果無法擁有自己的成長私人顧問，那保持閱讀習慣也可以讓你站在巨人的肩膀上看世界。這個世界上，那些頂尖的思想家、企業家、創業者在無數次採訪中，都會提及自己幾十年如一日的閱讀習慣。很多人都好奇，這些人哪來那麼多的時間來看書、閱讀？畢竟在大多數人看來，因為沒時間，所以才沒辦法閱讀。

在堅持閱讀的人眼中，因果是相反的，是因為沒閱讀，所以才沒時間。書中都是前人總結的智慧和經驗，如果你願意花時間去看、去踐行，就能大大減少試錯的時間，走在正確的道路上，節省大把的時間。

這就是為什麼那些看起來越忙越沒時間的人，實際上越有時間做各種自己想做的事情。

換個方法，越沒時間，就越能完成更多的事情呀！

06 堅定地做自己，溫柔地愛孩子

「什麼樣的媽媽，才是一位好媽媽？」我問過很多媽媽這個問題，得到過很多不一樣的答案，但是沒有找到最令我滿意的答案。直到有一天，我在《活學》這本書中，讀到作者金惟純寫的一句話：「**若是孩子喜歡和你在一起，想要變成你的樣子，就是做父母最大的成功了。**」

在那個當下，這句話擊中了我的內心，因為它完美地回答了「什麼樣的媽媽，才是一位好媽媽？」這個問題。相比於大多數絞盡腦汁地學當一位好媽媽的媽媽，身為二胎媽媽的我一直覺得在這個世界上，媽媽能夠送給孩子最好的禮物就是堅定地做自己，成為孩子喜歡和值得學習的榜樣。

堅定地做自己

我有兩次當媽媽的經歷，但是兩次經歷給我的感受截然不同。一胎時，我經歷過大多數媽媽所面臨的困境——沒時間、沒精力、沒金錢、沒自我，那個時候我覺得當媽真是一件辛苦的事情，心裡裝滿了抱怨和痛苦，甚至罹患了產後抑鬱症。

時隔八年，我再次成為一個小生命的媽媽時，這種困境完全不復存在，每天都沉浸在快樂和幸福之中。一些朋友發現生二胎後我的狀態與之前相比更好了，他們覺得不可思議，於是問我到底做了什麼。我告訴他們，是因為這幾年來我一直在堅定地做自己。

其實，我跟大多數媽媽一樣，每一天都在很努力生活，每天一睜眼就會面臨新的問題、解決與不同人、事之間的事情；每天都要面對柴米油鹽和雞毛蒜皮，因為這就是生活的真相，而「**世界上有一種真正的英雄主義，就是在認清生活的真相後依然熱愛生活**」。對我而言，媽媽這個角色讓我近乎接近英雄主義，它讓我即使看清生活的真相，也能繼續在真相面前保持更美好的追求。

成為媽媽之後，為了讓勞累和疲憊的自己找到一個情緒的宣洩口，我開始每週都抽出一點時間「任性」地做自己。一開始是我每週花一個小時去做喜歡的事情，有時是去看一場讓自己怦然心動的電影，有時是精心打扮去參觀藝術展。後來，我每天至少花一個小時去做自己想做的事情，比如運動、健身、閱讀、寫作，再到後來，一小時變成兩小時，兩小時變成三小時，直到第二次當媽媽之後，我發現每時每刻我都活在自己的熱愛之中。

如果媽媽堅定地做自己，這意味著什麼？意味著他們清楚自我存在的意義，意味著他們會努力嘗試各種自我熱愛和擅長的事情，意味著他們會對自己的生活抱有很高的滿意度。這樣的媽媽有一些共同特點，他們看起來有一種發自內心的快樂，非常享受自己做的事情，對自己所做之事全力以赴又充滿信心，閃閃發光。我想你的身邊一定也有這樣的媽媽，這樣的媽媽往往會被評價為「戰鬥力十足」！

你可能非常好奇，同樣是媽媽，為什麼他們永遠都是精力旺盛、戰鬥力十足的模樣？有人說，是因為他們天生就精力旺盛。這可能只是事實的一部分，而事實的另一部分是他們所做的這些事情並非超負荷的消耗，而是高品質的休息。比如說，我的日常行程除了照顧孩子之外，還包括節目策劃、拍攝以及製作，品牌社群的經營、運營、研發新產品，跨界學習，每週至少閱讀三本書籍，寫書、直播分享、逛展欣賞藝術等等。

密密麻麻的行程充滿了我這幾年的每一天，因此當一些朋友知道我生二胎的消息之後，他們的第一反應不是恭喜，而是「天啊！你都這麼忙了，居然還有精力生孩子！」他們覺得我如此忙碌應該很累，沒想到我精力如此旺盛，實在不解，這其中的祕訣就是：**做一次熱愛的事情，就獲得一次高品質的休息**。

逛展、看展、看書、寫字、運動健身是我製作節目外的一種休息，回家陪伴孩子成長是我經營自己的品牌和產品外的一種休息，每天跨界學習又是我瑣碎的家庭生活外的一種休息。每一天，我都在不停地轉換角色、切換場景，其實是給自己更大的空間，更好地照顧自己。

我們用不同的生活方式、不同的角色去抵消柴米油鹽所帶來的一身疲憊，堅定做自己，這不僅會讓自己熠熠發光，還會給予孩子榜樣的力量。這些年來，透過自身的努力，我獲得的獎盃、獎牌擺滿了一整排。有一天，剛上小學的兒子指著那些獎牌說：「我也要成為媽媽那樣的人，要拿好多好多的獎。」那一刻，我知道，堅定地做自己，是我能送給孩子最好的禮物。

溫柔地愛孩子

犧牲感，是親子關係中的大忌。

我想你一定聽過類似這樣的故事，一位媽媽吃了一輩子的魚頭，臨終前，他告訴孩子：「我其實不喜歡吃魚頭，我一輩子都想吃魚肉，但是因為我愛你，想讓你多吃些魚肉，所以我吃了一輩子的魚頭。」小時候讀到這個故事，我們會被告知：「媽媽太偉大了，為了孩子犧牲自己所有的喜好，以後一定要好好報答媽媽。」當我成為媽媽之後，才發現這個故事裡面的孩子也挺可憐，媽媽累積了一輩子的犧牲和委屈，最終變成了孩子一輩子無法彌補的內疚和虧欠。

在中國式親子關係中，我們經常聽到媽媽對孩子這樣說：「我為你犧牲了這麼多，付出了這麼多，你不要給我丟臉」；「我為你奉獻所有的這一切，你看我有多愛你」。如果親子關係中充滿了太多的犧牲感，媽媽所有的委屈都需要用孩子的內疚來做交換，所有的犧牲都需要孩子的報恩作為回應，在這樣沉重的親子關係中成長的孩子會有一種「不配得感」，不敢享受自己的快樂人生。

詩人王爾德說：「**讓孩子有好品行的最好方法，就是讓他們愉快。**」孩子的愉快從哪裡來?從他身後有個愉快的媽媽而來。能堅定做自己的媽媽一輩子會過得很愉快，在孩子吃魚肉的時候，他完全不會覺得這是犧牲自己的快樂換來了孩子的快樂；在照顧孩子成長的過程中，他也不會有委屈的感覺，不會覺得這是犧牲自己的未來換來了孩子的未來。他感受到的一切不是犧牲，而是陪伴；不是委屈，而是分享。

北京冬奧會上，十八歲的天才少女谷愛凌征戰冬奧，以一千五百八十分的成績考入史丹佛大學，集天賦、智慧、顏值一身。最珍貴的是，谷愛凌對整個比賽過程都非常享受，沒有讓別人感覺他是吃了很多苦才走到今天的，全身散發著健康、積極的狀態，而這一切，跟他的媽媽密不可分。谷愛凌多次向媽媽表白：「我很感謝我的媽媽，他讓我兼顧滑雪和生活。我的媽媽是最好的，比所有的媽媽都好。」

我很好奇什麼樣的媽媽教育出了如此優秀的孩子，在看谷愛凌的紀錄片時，我留意到他媽媽說的幾段話。

「我喜歡滑雪，我覺得是我找了一個陪我玩的人。」

「教育不是投資，是為了讓孩子成為他自己。」

「你長大不用感謝我，你不欠我的，我謝謝你才對。父母、子女之間，不是給予與索取，而是相互擁抱和成就。」

媽媽言語之中輕鬆愉快，毫無中國式家長的犧牲感，讓人感受到話語背後，他穩定又強大的自我內核。後來一查他的資料，我被他精彩的履歷所震撼：北京大學碩士、史丹佛大學碩士、華爾街精英，曾在雷曼兄弟公司任職，打拚事業拚到四十歲才生下谷愛凌，這些耀眼的頭銜，意味著他將自我價值發揮得淋漓盡致！

媽媽堅定做自己，就會得到命運彌足珍貴的饋贈——發自內心的快樂，享受自己所做的事情，對自己和生活感到滿意、精力十足，因此他們在照顧孩子的時候，帶著鮮活、飽滿的愛滋養孩子，沒有一絲一毫的犧牲感，甚至讓孩子發自內心地感受到，我作為一個生命，來到這個世界上，是一件特別美好的事情！

堅定地做自己，溫柔地愛孩子，我想這是我們送給自己和孩子最美好的禮物！

後記　讓生命中的每一天，都比前一天更好

這本書，終於寫到了後記。

我發現，寫一本書的過程，其實就是經歷了一段完整的人生。我們每個人的一生都會有快樂、痛苦、挫折、艱難、自我懷疑，甚至是堅持不下去的時刻。在寫這本書的過程中，這些時刻，我統統都經歷了一遍，如同人生的酸甜苦辣，全都嘗過一遍。

寫完這本書的時候，我正好生完第二胎、休完產假，重返職場上班。大家看我全程開心地笑不停，感嘆道：

「你是我見過的生完第二胎之後還能笑得這麼開心和輕鬆的媽媽。」

「很少有人生完第二胎之後，狀態這麼好。」

「很久沒有看到有人這麼開心地笑了。」

「為什麼你的精氣神這麼好？為什麼你永遠都是這樣笑嘻嘻？」甚至還有同事開玩笑地說道：「你是不是吃開心果長大的？」

對於大家提的這些問題，我真的有認真思考問題的答案是什麼。在仔細思考一番之後，我給出的答案是：「人逢喜事精神爽！」

什麼是「喜事」？在我看來，把每一天遇到的快樂、痛苦、挫折、艱難都轉化成滋養生命的養分，「讓生命的每一天，都比前一天更好」就是喜事，而這一點，是寫作教給我的。

寫作，教會我快樂的意義

這份快樂來自於當你在做你喜歡的事情時，專注和心流會帶你進入無人之境，讓你心無旁騖、自信滿滿地跟隨當下火花四射的靈感寫下如有神助的文字。

每經歷一次這樣的快樂，其實是對自我按下了確認鍵——確認未來的自己想成為一個什麼樣的人。寫作這件事教會我，**去做那些讓你感到快樂的事，因為那是成為你自己的確認鍵。**

寫作，教會我遇到否定時該怎麼辦

在完成這本書的過程中，我也經歷過被否定的時刻。書稿在一校、二校時，非常順利，我的圖書經紀人娜姐對整本書的評價很好，這讓我對自己的書充滿了信心，但是就在書稿即將全部修潤完成的時候，意外突然發生了——娜姐深入做完最新的市場競品調查之後，用他多年的高標準和高要求，重新整理了新書的框架。

他告訴我，這個新框架刪掉了一些不太合適的內容，再加了十四篇需要新加入的內容。當時我一看，刪掉了好多我很喜歡的文章，那個當下，我變得非常沮喪，眼淚都差點流了下來，人也變得沒有精神，感覺整個心力、力氣都被抽走了，感覺整個人都被否定了。

當時我來不及仔細思考，帶著強烈的情緒就去反問娜姐為什麼，娜姐非常耐心地跟我解釋了原因：作為圖書出版策劃人，他需要用全面的角度來思考這本書的定位，除了把關內容之外，還要考量市場需求、受眾、行銷策劃、內容看點等。

我反復聽了好幾遍娜姐傳來那長長的語音，這才慢慢接受了現實，可是另一個問題來了，那就是要寫十四篇新的書稿。這些要新寫的書稿，如同一座大山壓得我透不過氣來。

那時候我剛生完第二胎，根本沒有太多個人的時間，勉強只有碎片化的時間，更重要的是，我感覺自己已經把想寫的、能寫的都寫完了，面對要新寫的十四篇書稿，我有種腦袋空空如也、江郎才盡的感覺，不知道寫什麼也不知道怎麼寫。我躺在床上，望著天花板，心想：「要不然放棄吧，不然不寫了吧，想怎樣就怎樣！」

娜姐大概是感受到我沮喪的情緒，跟我分享了他的經驗：**一個人想要繼續往前走，就要不斷打開自己，多看、多學，吸收別人的優點，學會一切為自己所用！**

「學會一切為自己所用」這句話在我最沮喪、最迷茫的時候，給了我繼續向前走的力量。當一個人把一切好的、不好的都能為自己所用的時候，那什麼都難不倒他了。既然我沒時間、沒靈感，那我就一邊餵奶或者哄寶寶睡覺，一邊看書，虛心向別人學習，吸取更多的靈感。

當我帶著謙虛學習的態度多看、多學時，創作靈感源源不斷，下筆如有神，原先以為不擅長的文字內容，在借鑑了娜姐的修改建議之後，全部順利完成了！看著完成的新稿，我看到了一個陌生的自己，對，沒錯，陌生的經驗帶來了全然陌生而嶄新的自己！更重要的是，我發現了學霸的祕密——**一個人願意吸收別人的優點和風格，**

學會一切為自己所用時，就衝破了自我局限，享受到突破的喜悅！

藝術界的學霸畢卡索正是用這個方法不斷吸納各種元素和風格，讓自己身上既有西歐的東西又有北非的東西，既有學院的東西又有民間的東西，既有上層階級的東西又有下層階級的東西，最後他變成了學霸，創作期長達八十年！

把外在的否定拿來為自己所用，這意味著我們需要突破甚至背叛自己的經驗才能進入另外一種全新的經驗。我們擁有自己擅長和熟悉的經驗之後，並不留戀這個經驗，而要繼續大步向前，往前創造陌生的新經驗。

如果說**「快樂」是幫助你扎根，成為你自己，那麼「否定」就是幫助你向外，拓展你自己！**

寫作，教會我「眾人的力量」

這本書能夠出現在你們面前，絕非我一個人之力。在這背後，有很多你們看不見的力量在背後支持和鼓勵我，才得以讓這本書在因緣和合之下，最終順利出版，呈現在你們面前。

感謝我的父母給予了我第一次生命，讓我有機會來到這人世間見識和體驗生命的各種活法。感謝我的父親在我學生時代對我絕對的信任和支持，讓我在二十歲左右就跟隨自己的心意，做了年輕時人生中最關鍵的兩個決定，選擇自己喜歡讀的大學科系和學校，選擇跟自己喜歡的人在一起。

感謝李欣頻老師出現在我人生的「至暗時刻」，是他讓我知道——誰說人生只能這樣活！他如同一團火炬，照亮了我繼續前行的道路，他也是我人生中第一個告訴我「你應該出一本書」的人，大大拓展了我的夢想版圖。

感謝帥健翔老師這些年來，在我人生的幾次關鍵時刻給予我指引。因為他的指引，我看見和創造了自己更多的可能性，是他告訴我「堅持輸出，日子久了，你就會變得跟別人不一樣，為以後寫書並成為一位作家而做準備」。人生關鍵時期，有幸得到良師益友正確的指引，是件幸事。

感謝我的圖書經紀人娜姐，是他邀請我出書，是他陪伴我寫完了這本書，見證了我的成長。用他的話來說，就是他花在我這本書上的時間，足以讓他出完兩、三本書了！是他告訴我，寫作時要有一顆快樂的心，也是他告訴我，寫作時要有一顆敬畏的心。是他，讓這本書最終順利出版。感恩感謝！

感謝我的好友老董，他的一言一行潤物細無聲地替我上了人生中非常寶貴的一課，他用他的個人魅力大大重塑和拓展了我的人生觀，這些人生觀變成了這本書中的一些文字和故事。

感謝我先生春江，如果這些年沒有他在背後無條件地支持我做自己和做自己喜歡的事情，我們可能無法透過這本書相遇。當我滿世界去旅行、學習、演講、參加活動、看展的時候，是他在家裡照顧和陪伴我們的孩子，作為老公，他完全可以得一百分，但是作為妻子，我自認為是有很多缺點的。

有一次聊天時，春江告訴我，雖然我身上有缺點，但是這麼多年來，我一直能夠堅持這些缺點不改，而且儘管別人怎麼說都依然不改，他就很佩服這樣的我！在他看來，知道自己有缺點就是不改，這就是藝術家的腔調！婚姻中，有一個能夠欣賞你優點的伴侶是非常幸運的事情，如果還能遇到能夠理解、守護你缺點的伴侶，就是人生一大幸事了！

感謝我的婆婆，在我生完第二胎，忙著趕稿子不能帶寶寶的時候，是他放棄了每天和姐妹們跳廣場舞的時間替我帶寶寶，為我分擔，是他用無私的愛為我擠出了更多的時間，用心來創作。

正如愛因斯坦所說：「我每天會提醒自己一百次，我的內在和外在生活都是仰賴他人——無論活著或已去世——努力的成果，所以我必須竭盡全力，希望能以同等的貢獻回報我從過去到現在自他人身上所獲得的一切。」

感恩我過去所閱讀的所有好書，以及寫下這些好書的作者和出版這些好書的出版社，感恩你們的付出，讓我可以借助人類自古以來的智慧結晶重塑自我，是這些好書給了我第二次的生命。我也希望透過書寫，將閱讀的力量傳承下去，以此作為回報。

最後要感謝的是UP讀書會的學員們，感謝你們這些年的陪伴和支持。我經常說，你們每個人給予我的成長回饋都是滋養，讓我有了更大的底氣去面對更大的挑戰，完成更大的蛻變。

這些年，我們如同家人一般相互陪伴、相互滋養。你們說過，希望未來等到我們都白髮蒼蒼，成為老爺爺、老奶奶的時候，我們帶著讀書會二代、三代們依舊在一起，一起成長、一起讀書，一起讓生命中的每一天都比前一天更好！

我想，當一個人能夠學會把一切都為自己所用，就可以把生命中的每一天都過得比前一天更好。因為所遇見的每一個人，所發生的每一件事情，所看過的每一本書，都可以讓自己變得越來越好。

這樣的人生，值得！

高寶書版集團
gobooks.com.tw

NW 281
允許自己活成想要的幸福模樣：幸福不是擁有最好的一切，而是有能力把一切變成最好的
作　　者　唐麗娜（UP子木）
責任編輯　高如玫
封面設計　林政嘉
內頁排版　賴姵均
企　　劃　鍾惠鈞

發 行 人　朱凱蕾
出　　版　英屬維京群島商高寶國際有限公司台灣分公司
　　　　　Global Group Holdings, Ltd.
地　　址　台北市內湖區洲子街88號3樓
網　　址　gobooks.com.tw
電　　話　(02) 27992788
電　　郵　readers@gobooks.com.tw（讀者服務部）
傳　　真　出版部(02) 27990909　行銷部(02) 27993088
郵政劃撥　19394552
戶　　名　英屬維京群島商高寶國際有限公司台灣分公司
發　　行　英屬維京群島商高寶國際有限公司台灣分公司
初　　版　2024年01月

國家圖書館出版品預行編目(CIP)資料

允許自己活成想要的幸福模樣：幸福不是擁有最好的一切，而是有能力把一切變成最好的/唐麗娜(UP子木)著. -- 初版. -- 臺北市：英屬維京群島商高寶國際有限公司臺灣分公司, 2023.12
　面；　公分. --

ISBN 978-986-506-868-4（平裝）

1.CST: 自我實現　2.CST: 生活指導

177.2　　112020261

GOBOOKS & SITAK GROUP ©